Mark Lewis

LIVERPOOL
UNIVERSITY PRESS

FACT
FOUNDATION FOR ART AND
CREATIVE TECHNOLOGY

First published 2006 by
Liverpool University Press
4 Cambridge Street
Liverpool L69 7ZU

and

Foundation for Art and Creative
Technology
88 Wood Street
Liverpool L1 4DQ

British Library Cataloguing-in-
Publication data
A British Library CIP record is
available

ISBN 1-84631-037-7
ISBN-13 978-1-84631-037-9

Edited by Karen Allen

Designed by
www.axisgraphicdesign.co.uk

Printed and bound in Italy by
Editoriale Bortolazzi Stei, Verona

Set in Shaker by Jeremy Tankard
Typography and John Baskerville
by Stormtype

Mark

FACT & Liverpool University Press

Essays by Michael Rush, Philippe-Alain Michaud and Laura Mulvey

Lewis

location photograph

Rear Projection (2006)
Super 35mm transferred to High Definition

Contents

Foreword

Mark Lewis's films are remarkable not only for their rich and highly seductive qualities, but also for their extraordinary ability to undermine those characteristics that define mainstream and avant-garde cinema. Through subtle reference to classical motifs and genres, Lewis draws parallels between the film and art worlds and suggests that the evolution of film and technology are intrinsically linked to other visual cultures.

This book is published on the occasion of a new body of work by Mark Lewis and to celebrate the completion of his most recent film, *Rear Projection*, a major new piece commissioned by FACT (Foundation for Art and Creative Technology) in partnership with the British Film Institute and Centro Andaluz de Arte Contemporáneo, Seville. These venues are delighted to be hosting major solo exhibitions by Mark Lewis in 2006–07, including the new commission alongside a selection of other recent works.

Lewis turned from photography to filmmaking in the mid-1990s, although photography still plays an important role in his work today (his 'location photographs' are often precursors to completed films). Lewis's earlier works focused on deconstructing cinema's history by selecting and re-creating elements of mainstream or avant-garde film, employing simple shots and techniques and using the traditional resources of the Hollywood filmmaking industry (e.g. professional actors, crew, equipment). By purposefully adopting these tools he exposes the key components of the cinematic apparatus while suggesting that film is in fact an art form in itself, continually feeding from and similarly informing other art forms.

It is Lewis's recent works that reveal more closely his pre-occupation with the relationships between film, painting, photography and architecture and the combination of genres. In *Rear Projection*, Lewis has created a portrait of the actress Molly Parker (who has appeared in films such as *Titanic*, *Wonderland* and the television series *Six Feet Under*) which is superimposed against a backdrop of a bleak, Canadian landscape through the (now out-moded) method of back projection. This piece recalls the traditional combination of portraiture and landscape, thus suggesting a connection between the evolution of film, photography and painting. A special section of this book has been dedicated to a selection of the images that informed some of the thinking behind this new piece.

The new body of work made since 2003 (and culminating with the latest commission) documents a significant shift in Lewis's practice. Glamorous locations and actors have been replaced with observations of more everyday situations, actions and places. The focuses of Lewis's gaze are the brutalist concrete structures and council estates found in the Elephant and Castle territory of his studio's back yard, while *Rear Projection* reveals an abandoned Canadian landscape with dilapidated buildings (a far cry from the lush tropical gardens depicted in *Jay's Garden*, *Malibu* or the sublime parkland of *Algonquin Park*). This approach epitomizes Lewis's fundamental proposition as an artist, and is further evident through his choice of actress, as he explains:

I chose to invite Molly Parker to be the actress for this film for several reasons. I felt that it was important that the film should depict someone who is recognisable, not necessarily in name, but crucially in terms of style and performance (i.e. she is an actress). In addition, Molly Parker's 'neutral' look has, in my opinion, an uncanny similarity to the way female subjects were often depicted in early modern portrait painting and in turn in the early modern cinema of the 20s and 30s (when rear projection was introduced). This look can be characterised I think as a complex combination of idealisation and individuality, a look that is both universal and unique at the same time.[1]

1 Taken from Mark Lewis's initial project proposal to FACT in February 2005, outlining the new commission.

Las películas de Mark Lewis son extraordinarias no sólo por la rica y altamente seductora calidad que irradian, sino también por su excepcional habilidad para socavar las características que definen la cinematografía establecida y la de vanguardia. A través de una referencia sutil a motivos y géneros clásicos, Lewis establece paralelismos entre el mundo artístico y el fílmico y sugiere que la evolución del cine y la tecnología están intrínsecamente vinculados a otras culturas visuales.

Este libro se publica con motivo de un nuevo conjunto de obras de Mark Lewis y para celebrar la finalización de su película más reciente, *Rear Projection* (*Proyección de fondo*), una nueva pieza mayor encomendada por FACT, conjuntamente con el British Film Institute y el Centro Andaluz de Arte Contemporáneo, Sevilla. Estas instituciones se congratulan de acoger importantes exposiciones en solitario de Mark Lewis en 2006-2007, que incluyen la nueva comisión junto a una selección de otras obras recientes.

Lewis pasó de la fotografía al cine a mediados de los años 90, aunque la primera todavía juega un papel importante en su obra actual (sus 'fotografías de rodaje' son a menudo precursores de sus películas completas). Las primeras obras de Lewis se centraron en deconstruir la historia del cine a través de la selección y la re-creación de elementos de filmes de corriente establecida o vanguardista, utilizando planos y técnicas simples y usando los recursos tradicionales de la industria cinematográfica de Hollywood (por ejemplo: actores profesionales, equipo técnico, material). Con la adopción voluntaria de estas herramientas, descubre los componentes esenciales del aparato cinematográfico, así como sugiere que el cine es de hecho una modalidad artística en sí misma, que continuamente se nutre de otras disciplinas artísticas, al tiempo que las informa.

Son las obras más recientes de Lewis las que revelan más detalladamente su preocupación por las relaciones entre el cine, la pintura, la fotografía y la arquitectura y por la combinación de géneros. En *Rear Projection*, Lewis ha creado un retrato de la actriz Molly Parker (que ha aparecido en filmes como *Titanic*, *Wonderland* y la serie de televisión *Six Feet Under*), que se superpone a un paisaje canadiense inhóspito a través del método (ahora anticuado) de la proyección de fondo. Esta pieza trae a la memoria la tradicional combinación de retrato y paisaje, cosa que sugiere una conexión entre la evolución del cine, la fotografía y la pintura. Una sección especial de este libro ha sido dedicada a una selección de las imágenes que dieron forma a parte del razonamiento que se halla tras esta nueva pieza.

El nuevo conjunto de obras desarrollado desde 2003 (y que culmina con la última comisión) documenta un cambio significativo en la práctica de Lewis. Las localizaciones glamurosas y los actores han sido reemplazados por observaciones de situaciones, acciones y lugares más cotidianos. Los focos de la mirada de Lewis son estructuras brutalistas de hormigón y barrios de protección oficial que se encuentran alrededor del estudio del artista, en el barrio de Elephant and Castle, mientras que *Rear Projection* revela un paisaje canadiense abandonado con edificios ruinosos (muy lejos de los exuberantes jardines tropicales representados en *Jay's Garden, Malibu* –*El jardín de Jay, Malibu*– o la sublime zona verde de *Algonquin Park*). Este enfoque epitoma la propuesta fundamental de Lewis como artista, y se demuestra más claramente con su elección de la actriz, como el explica:

Elegí invitar a Molly Parker para que fuera la actriz en este filme por varias razones. Pensé que era importante que la película mostrara a alguien que fuera reconocible, no necesariamente por nombre, sino crucialmente por estilo y actuación (quiero decir: que sea una actriz). Además, el aspecto

It is interesting to note that Lewis continues to film almost exclusively in Canada and London, his two homes. It is the return to these places, rather than the exploration of new terrain, that for him provides the most interesting possibilities. Lewis is not concerned with seeking out exotic landscapes. Rather he is interested in highlighting what is extraordinary, and at the same time what is so often overlooked, in the most familiar and everyday moments.

Through his recent works, Lewis weaves connections between the history of art and film, while employing the language of both. *Algonquin Park, September* and *Algonquin Park, Early March* for instance (commissioned previously by FACT for the 2002 Liverpool Biennial) bear strong reference to the tradition of experimental and avant-garde film, as well as the Romantic painting of artists such as Caspar David Friedrich and J. M. W. Turner. A careful use of props that mimic historical motifs can also be found throughout Lewis's oeuvre, and through his playful use of spatial composition in *Rear Projection*, Lewis makes reference to the very film technique used in 1930s and 1940s cinema, which he suggests, unwittingly recalled the compositional work of painters such as Jan van Eyck and Edouard Manet.

Timely in light of much recent discussion around the use of film during a period of increased technological advancement, this book critically discusses the key issues raised by Lewis's new works through essays by Philippe-Alain Michaud, Laura Mulvey and Michael Rush, highlighting a number of key artists and filmmakers and placing Lewis's practice in a wider historical context.

Rear Projection could simply not have been realized without the support of Film London through the London Artist's Film and Video Awards, and Arts Council England. For this we express our sincerest gratitude. Thanks particularly are due to Pinky Ghundale and Maggie Ellis at Film London, and to Gary Thomas and Will Carr at Arts Council England for their generous support, financial and otherwise, towards the production of the new commission. Thanks are also due to Michael Regan at the Canadian High Commission for their contribution towards the exhibition at FACT, and to Chris Wainwright at Central St Martins School of Art for support towards this publication.

We would like to extend our special thanks to Andrew Kirk and Simon Bell at Liverpool University Press for their dedication to this book, the first of many exciting co-publications, and to Alan Ward for his fresh and sympathetic design. Thanks also to Isabel Varea and Xavier Barceló for, respectively, translating Philippe-Alain Michaud's essay from the French and for translating the entire text into Spanish. Heartfelt thanks to the writers, Philippe-Alain Michaud, Laura Mulvey and Michael Rush for their enlightening comprehensions of Lewis's work. Above all, thanks to Mark Lewis, an incredible artist whose intelligence and curiosity continues to inspire us to think of film in ever different ways.

Karen Allen
Curator (Moving Image)
FACT

'neutral' de Molly Parker tiene, en mi opinión, un parecido extraordinario con la manera en que los sujetos femeninos eran a menudo representados en la pintura de retrato de principios de la era moderna y, a su vez, en el primer cine moderno de los años 20 y 30 (cuando la proyección de fondo fue introducida). Pienso que este aspecto se puede caracterizar como una compleja combinación de idealización e individualidad, un aspecto que es universal y único al mismo tiempo.[1]

Resulta interesante apuntar que Lewis continua filmando casi exclusivamente en Canadá y Londres, sus dos lugares de residencia. Es el retorno a estos sitios, más que la exploración de nuevos territorios, lo que le proporciona las posibilidades más interesantes. A Lewis no le preocupa buscar paisajes exóticos. Más bien se interesa por realzar lo que es extraordinario, y al mismo tiempo lo que es tan a menudo ignorado, en los momentos más cotidianos y familiares.

A través de sus más recientes obras, Lewis entreteje conexiones entre la historia del arte y el cine, a través de la utilitzación del lenguaje de ambos. *Algonquin Park, September* (*Parque Algonquin, septiembre*) y *Algonquin Park, Early March* (*Parque Algonquin, principios de marzo*) por ejemplo (encargadas previamente por FACT para la Bienal de Liverpool 2002) contienen una fuerte referencia a la tradición del cine experimental y de vanguardia, así como también a la pintura Romántica de artistas como Caspar David Friedrich y J. M. W. Turner. Se puede encontrar en toda la obra de Lewis un uso cuidadoso del atrezzo que imita motivos históricos y, a través de esta utilización lúdica de la composición espacial en *Rear Projection*, Lewis hace referencia a la mismísima técnica usada en el cine de 1930s y 1940s, que, él sugiere, inconscientemente recordaba el trabajo de composición de pintores como Jan van Eyck y Edouard Manet.

Oportunamente, teniendo en cuenta recientes debates sobre el uso del cine durante un periodo de prolongado avance tecnológico,

1 Tomado de la propuesta inicial de proyecto de Mark Lewis a FACT en Febrero de 2005, esbozando el nuevo encargo.

este libro considera de manera crítica las cuestiones clave presentadas por las nuevas obras de Lewis a través de ensayos de Philippe-Alain Michaud, Laura Mulvey y Michael Rush, destacando a numerosos artistas y cineastas con relevancia en su obra y colocando a esta última en un contexto histórico más amplio.

Rear Projection no podría haberse realizado sin el apoyo de Film London a través de los London Artist's Film and Video Awards, y el Arts Council England. Por esta razón, expresamos nuestro más sincero reconocimiento. Agradecemos particularmente a Pinky Ghundale y Maggie Ellis de Film London, a Gary Thomas y Will Carr de Arts Council England por su apoyo generoso. Agradecemos también a Michael Regan de la Canadian High Commission por su contribución a la exposición en FACT, y a Chris Wainwright de la Escuela de Arte Central St Martins por su apoyo para esta publicación.

Nos gustaría extender nuestro agradecimiento a Andrew Kirk y Simon Bell de la Liverpool University Press por su dedicación a este libro, el primero de muchas co-publicaciones apasionantes, y a Alan Ward por su diseño fresco y amable. Nos gustaría también dar las gracias a Isabel Varea y Xavier Barceló, por haber traducido, respectivamente, el ensayo de Philippe Alain-Michaud del francés y el texto completo al español. Damos las gracias sinceramente a los escritores, Philippe-Alain Michaud, Laura Mulvey y Michael Rush por sus lúcidas interpretaciones de la obra de Lewis. Sobre todo, damos las gracias a Mark Lewis, un artista increíble cuya inteligencia y curiosidad continúa inspirándonos para pensar sobre el cine de múltiples y diferentes maneras.

Karen Allen
Comisaria (Imagen en Movimiento)
FACT

Small Sensations: Mark Lewis and the Movies

Michael Connor

Mark Lewis's new film work, *Rear Projection*, will be shown in early 2007 at the British Film Institute's new exhibition space for artists' film and video. The gallery, which opens in autumn 2006, will be sited within the National Film Theatre (NFT) complex in London. In the public imagination, the NFT is heavily identified with the great directors and stars of film and television who have appeared in person on its stage to discuss their lives and work: Abbas Kiarostami, Ousman Sembene, Anthony Hopkins, Julie Andrews. In contrast, Mark Lewis's work celebrates the least glamorized aspects of film production. The roles that get written out of the history books are brought to the foreground. For Lewis, the profoundness of cinema has everything to do with the small pleasures it affords the viewer.

Commercial cinema today is dominated by 'white elephants', mass-produced, extraordinarily expensive hunks of well-regulated imagery and rationalized 'magic'. Each frame that makes it to the multiplex is the result of the effort of hundreds of people, all of whom work in the shadow of the Story and the Star. In the words of American filmmaker Thom Andersen, 'each of these works is worth celebrating simply as a product of so much human labour'. But what is really memorable, lovable and historic about films may not be the Story and the Star at all, but the sensation that comes from a detail accidentally rendered: a hairstyle, a pattern of wallpaper, a cityscape frozen in time.

Many of these accidental details come about through shooting on location. Every place has a story to tell, and these stories emerge (intentionally or otherwise) when a location is captured on film. In Hollywood film, though, great effort is undertaken to sanitize locations, to make them conform to the Story. Los Angeles stands in for Switzerland, Mars, New York, The Future; green screens and digital effects take the place of natural scenery and cityscapes.

The story of a place is obscured in favour of the grand vision, as executed by a crew of specialists. When every element of the frame is so painstakingly controlled, texture is lost, and setting is reduced to set.

In contrast, Lewis's films are very much a reflection on the locations where they are shot. Place plays the starring role; landscape becomes subject as well as field. (His location photographs are presented as artworks in their own right.) Lewis seems to favour locations that are unloved, forgotten, off the beaten track, or anonymous. His film *Windfarm* (2001) is an example: it is an idyllic scene of a desert in the American West, populated only by a lone horse and rider (and her dog) cutting a path in deep space through a field of dozens of mammoth wind turbines. The image is lovingly and beautifully rendered, but the viewer cannot help but be conscious of the fact that this landscape would never make an appearance in a Hollywood western. Any location manager would consider the wind farm to be a blot on the landscape, laying waste to otherwise beautiful scenery and giving the lie to the myth of untouched open spaces. Where the location manager would see a flaw to be digitally airbrushed in 'post', Lewis sees a place to set his tripod.

Many filmmakers and critics outside Hollywood lament the lost art of shooting on location, and favour an approach more similar to Lewis's. Wim Wenders, for example, says 'Stories deprived of the places they were coming from and which gave birth to them, cannot really satisfy.' Despite his love of filming on location, I'm not sure that Lewis would agree that the hybrid realities created by Hollywood film crews 'on location' are less real than his landscapes, though. The ersatz places of Hollywood are simply a different kind of document, if a document of artifice, and Lewis's work consistently betrays a fascination with the creation of artifice.

Pequeñas sensaciones: Mark Lewis y el cine

Michael Connor

La nueva obra cinematográfica de Mark Lewis, *Rear Projection* (*Proyección de fondo*), será exhibida a principios de 2007 en el nuevo espacio para cine y vídeo de autor del British Film Institute. La galería, que se inaugurará en el otoño de 2006, estará situada dentro del complejo de la National Film Theatre (NFT) en Londres. En el imaginario colectivo, la NFT está profundamente identificada con los grandes directores y estrellas de cine y televisión que han aparecido en su escenario para discutir su vida y obra: Abbas Kiarostami, Ousman Sembene, Anthony Hopkins, Julie Andrews. Por el contrario, la obra de Mark Lewis celebra los aspectos menos glamurizados de la producción cinematográfica: su obra pone en primer plano a los roles que quedan excluidos de los libros de historia. Para Lewis, la profundidad del cine se lo debe todo a los pequeños placeres que otorga al espectador.

El cine comercial de hoy en día está dominado por super-producciones, producidas en serie, conjuntos extraordinariamente caros de imágenes bien dosificadas y 'magia' racionalizada. Cada fotograma que se exhibe en un multicines es el resultado del trabajo de cientos de personas, todas ellas trabajando a la sombra del Argumento y de la Estrella. En palabras del cineasta americano Thom Andersen, cada una de estas producciones se debería celebrar simplemente como el producto de tanto esfuerzo. Pero lo que es realmente memorable, encantador e histórico del cine puede ser que no sea el Argumento y la Estrella en absoluto, sino la sensación que proviene de un detalle que se aparece accidentalmente: un peinado, el estampado de un papel pintado, un paisaje urbano congelado en el tiempo.

Muchos de estos detalles accidentales son a causa de la filmación en exteriores. Cada lugar tiene una historia que explicar: y estas historias surgen (de manera intencional o por accidente) al capturar el lugar en la película. En el cine de Hollywood, sin embargo, se hace un gran esfuerzo para 'desinfectar' los exteriores, para que se adecuen al Argumento. Los Angeles toma el lugar de Suiza, Marte, Nueva York, El Futuro; pantallas verdes y efectos digitales sustituyen a los escenarios naturales y paisajes urbanos. La historia de un lugar se oculta en aras de una gran visión, ejecutado por un equipo de especialistas. Cuando cada elemento del cuadro es controlado de manera tan meticulosa, la textura se pierde, y la escenografía queda reducida a decorado.

Por el contrario, las películas de Lewis son una profunda reflexión sobre las localizaciones en que están rodadas. El lugar toma el papel protagonista: el paisaje se transforma en sujeto además de fondo. (Sus fotografías de localización se presentan como obras de arte de pleno derecho). Lewis parece tener preferencia por localizaciones menospreciadas, olvidadas, apartadas, o anónimas. Su película *Windfarm* (*Parque eólico*) (2001) es un buen ejemplo: se trata de una escena idílica en un desierto del oeste americano, con la única presencia de un caballo y una amazona solitarios (junto con su perro), que avanzan a través de gigantescas turbinas eólicas en un gran plano general. La imagen se presenta de forma bella y tierna, pero el espectador no puede evitar ser consciente del hecho que este paisaje nunca aparecería en un western de Hollywood. Cualquier encargado de localización consideraría este parque eólico como un borrón en el paisaje, que estropearía un por lo demás bello escenario y desmentiría el mito de los espacios abiertos vírgenes. Ahí donde el encargado de localización vería un defecto que debe borrarse digitalmente en postproducción, Lewis ve un lugar donde colocar su trípode.

Muchos cineastas y críticos fuera de Hollywood se lamentan de la desaparición del arte de rodar en exteriores, y son partidarios de un enfoque parecido al de Lewis. Wim Wenders, por ejemplo, dice 'Las historias despojadas de los lugares de donde vienen y que las engendraron, no pueden satisfacer verdaderamente'. Sin embargo

Lewis's new film is an example of this fascination. *Rear Projection* looks at the eponymous technique used in the film industry for many years as a way of creating the illusion of filming on location.[1] Here's how it works. A location unit shoots some footage in a far-flung corner of the globe. The resulting film is then back-projected on a screen in the studio, and the cast stands in front of the projection screen to perform a scene for the camera. Using this technique, a Hollywood star could be instantly transported to an exotic or dangerous location without ever leaving the comforts of a Los Angeles backlot. At the time of writing, *Rear Projection* is halfway through this process. Thus far, Lewis has filmed a series of shots on location in Ontario, Canada.[2] Each image is a slow, computer-controlled tracking shot through a landscape with a forgotten air. Lewis plans to use this footage as the rear projection backdrop for a series of filmed portraits of actress Molly Parker. The rear projection backdrop will 'transport' Parker to the space of Lewis's slowly moving filmed landscapes, a place forgotten by commerce and marked by signs of human activity long since fallen silent.

The rear-projection technique will not seem very 'realistic' to a media-savvy modern audience, but from the 1930s through the 1950s, audiences were willing to accept it as a seamless illusion. One might say that during its long heyday, audiences politely ignored the crudeness of the rear-projection illusion; this may explain why Lewis is interested in it. By focusing on an 'invisible' part of the cinematic apparatus, *Rear Projection* continues Lewis's exploration of the un-heroic and overlooked aspects of the cinematic illusion, a concern that crops up throughout his body of work.

Just as Lewis's work draws on both documentary and illusion, film itself occupies a position between artifice and reality. It is created by the physical fact of light captured on celluloid, but it contains fictions both grand and humble: mechanics, chemistry, digitization and the conceits of director and crew. Instead of destroying the historical value of a film, the fiction itself becomes a part of the historical record. Where one viewer might watch John Wayne firing blanks into a rear projection of Monument Valley and see a crude illusion, another viewer sees a document of a now obsolete visual technology, with its own unique aesthetic: the accidental fact of a deliberate fiction. By bringing the humble aspects of the filmed image to the forefront, Lewis's work devours the boundaries of moving-image production, and suggests alternative approaches to making and consuming film.

1 For an example, the still on page 99 from Alfred Hitchcock's *Young and Innocent*.

2 The films are shot in the same region that served as the location for two previous works, *Algonquin Park, September* (2001) and *Algonquin Park, Early March* (2002).

a pesar de su pasión por el rodaje en exteriores, no estoy seguro de que Lewis estuviera de acuerdo con que las realidades híbridas creadas por los equipos cinematográficos de Hollywood 'en exteriores' sean menos reales que sus paisajes. Los lugares sintéticos de Hollywood son simplemente otro tipo de documento, aunque sea un documento de artificio, y la obra de Lewis constantemente revela una fascinación por la creación del artificio.

La nueva película de Lewis es un ejemplo de esta fascinación. *Rear Projection* examina la técnica del mismo nombre (rear projection: proyección de fondo) que fue usada en la industria cinematográfica durante muchos años como una manera de crear la ilusión de rodaje en exteriores.[1] Funciona de la siguiente manera. Una unidad de exteriores rueda material en algún rincón remoto del planeta. El metraje resultante se proyecta luego como fondo en una pantalla en el estudio. Usando esta técnica, una estrella de Hollywood podía ser instantáneamente transportada a un lugar exótico o peligroso sin tener que dejar la comodidad del set de rodaje de Los Ángeles. En el momento de escribir estas líneas, *Rear Projection* está en mitad de este proceso. Hasta ahora, Lewis ha rodado una serie de tomas en exteriores en Ontario, Canadá.[2] Cada imagen es un travelling lento, controlado por ordenador, a través de un paisaje con un aire de olvido. Lewis planea utilizar este material como proyección de fondo para una serie de retratos filmados de la actriz Molly Parker. La proyección de fondo 'transportará' a Parker al espacio de los paisajes filmados, que se mueven lentamente, un lugar olvidado por el comercio y marcado por signos de actividad humana callados desde hace tiempo.

1 Por ejemplo, el fotograma de la página 99 de *Young and Innocent* (*Inocencia y Juventud*) de Alfred Hitchcock.

2 El metraje está rodado en la misma región que sirvió como escenario para dos de sus obras anteriores, *Algonquin Park, September* (*Parque Algonquin, septiembre*) (2001) y *Algonquin Park, Early March* (*Parque Algonquin, principios de marzo*) (2002).

La técnica de la proyección de fondo no parecerá muy 'realista' al público moderno, familiarizado con el medio audiovisual, pero desde la década de los 30 hasta los 50, el espectador de cine estaba dispuesto a aceptarla como una ilusión perfecta. Hay quien pueda decir que durante su largo apogeo, el público ignoraba la crudeza de la ilusión de la proyección de fondo; esto puede explicar el porqué Lewis se interesa por ella. A través de centrarse en una parte 'invisible' del aparato cinematográfico, *Rear Projection* continua la exploración de Lewis de los aspectos no heroicos e ignorados de la ilusión cinematográfica, una preocupación que aparece en todo el conjunto de su obra.

Tal y como la obra de Lewis recurre al documental y a la ilusión, el cine mismo ocupa una posición entre el artificio y la realidad. Es creado por el hecho físico de la luz capturada sobre celuloide, pero contiene grandes y pequeñas ficciones: mecánica, química, digitalización y el trabajo de director y equipo. En vez de destruir el valor histórico de una película, la ficción misma se transforma en una parte del documento histórico. Donde un espectador puede ver a John Wayne disparando balas de fogueo en una proyección de fondo de Monument Valley y apreciarlo como una ilusión primitiva, otro espectador verá un documento de una tecnología visual ahora obsoleta, con su estética única: el hecho accidental de una ficción deliberada. Al poner los aspectos humildes de la imagen filmada en primer plano, la obra de Lewis devora las fronteras de la producción de la imagen en movimiento, y sugiere enfoques alternativos para hacer películas y consumirlas.

installation view: Kunstverein Hamburg

In Depth, Briefly: The Films of Mark Lewis

Michael Rush

Mark Lewis enjoys endgames. He began photographing in the 1980s when painting was considered in its death throes. He moved on to filmmaking in the mid-90s just when, by his own account, film was sliding towards its demise in the face of digital technologies. For Lewis, endgames afford a certain freedom to probe what was left behind even as everyone else races in another direction. One of his first films, *A Sense of the End* (1996), opens with paint-on-film sequences leading into the words 'The End' etched into the frame. This is a homage to Stan Brakhage in technique only. It is also the young Lewis's announcement that his larger agenda concerns the workings of narrative cinema itself.

He challenges and expands the 'usefulness of the image', to borrow from Walter Benjamin, by exposing the processes of image making, and, at the same time, creating shots of enduring interest and beauty. He can be a trickster and provocateur; enigmatic and ironic. His concerns with techniques of early filmmaking might be mistaken for nostalgia. A utopian impulse is more likely. The energy and abundance of his output (more than 25 films since 1993) bespeaks a mission: to salvage film from its capitulation to commerce while engaging the undisputed potential of film to offer pleasure and intellectual engagement within the confines of a single shot or a few carefully crafted ones.

CROSS-CUTS: THE ECONOMICS OF THE EXPERIMENTAL AND MINIMALISM

One of Benjamin's central contributions to critical thought was his linking of art and the capitalist agenda. Even 'photography's claim to be an art', he wrote in 1936, 'was contemporaneous with its emergence as a commodity.' What Benjamin never discussed, as far as I am aware, is art's relationship to artists' personal economics. Lewis's 'quoting' of Brakhage in an early film is no accident, and not just because of his elder's prominence in the history of avant-garde filmmaking. Brakhage did it on his own.

In speaking of his personal circumstances early in his career when he made *Reflections on Black* (1955), Brakhage said: 'I had no money; I'm living on the Lower East Side in a burned-out building. One half is burned out from the ceiling to the roof; the other half is charred… Jim Tenney (the musician) and I are given this apartment by Auggie the grocer on the corner, who owns this building, in order that we keep the bums out.' Brakhage asked some eager young actors and dancers if they would pay 'ten bucks apiece to be in a movie.

En profundidad, brevemente: las películas de Mark Lewis

Michael Rush

Mark Lewis disfruta con los momentos finales. Empezó con la fotografía en la década de los 80 cuando se consideraba que la pintura estaba agonizante. Pasó al cine a mediados de los 90 justo cuando, según cuenta él mismo, éste se estaba deslizando hacia su desaparición a causa de las tecnologías digitales. Para Lewis, los momentos finales permiten una cierta libertad para investigar lo que se ha dejado atrás, incluso aunque el resto del mundo se mueva rápidamente en otra dirección. Uno de sus primeros filmes, *A Sense of the End* (*Una sensación de fin*) (1996), empieza con unas secuencias pintadas directamente sobre el celuloide, que llevan a las palabras 'The End' (Fin) grabadas en el fotograma. Es un homenaje a Stan Brakhage en la técnica solamente. Es también el anuncio del joven Lewis de que su plan a más largo plazo concierne a los mecanismos del mismo cine narrativo.

Cuestiona y expande la 'utilidad de la imagen', citando a Walter Benjamin, mediante la exhibición de sus procesos de elaboración y, al mismo tiempo, la creación de planos de interés duradero y belleza. Puede ser un embaucador y un provocador; enigmático e irónico. Su preocupación por las técnicas del primer cine puede ser tomada por nostalgia. És más bien un impulso utópico. La energía y abundancia de su producción (más de 25 películas desde 1993) revelan una misión: salvar al cine de su capitulación al comercio al mismo tiempo que se usa su potencial indiscutible para ofrecer placer y estímulo intelectual dentro de los límites de un solo plano o unos pocos meticulosamente elaborados.

CORTES CRUZADOS: LA ECONOMÍA DE LO EXPERIMENTAL Y DEL MINIMALISMO

Una de las aportaciones más importantes de Benjamin al pensamiento crítico fue el hecho de vincular el arte con el programa capitalista. Incluso 'la reclamación de la fotografía como un arte', escribió en 1936, 'fue simultánea a su aparición como artículo de consumo'. Lo que Benjamín nunca trató, que yo sepa, es la relación del arte con la economía personal del artista. La 'cita' de Lewis a Brakhage en uno de sus primeros filmes no es ningún accidente, y no sólo por el relieve de este último en la historia del cine vanguardista. Brakhage lo hizo solo.

Hablando sobre sus circunstancias personales en los primeros momentos de su carrera cuando hizo *Reflections on Black* (*Reflexiones sobre negro*) (1955), Brakhage dijo: 'No tenía dinero; Vivo en el Lower East Side de Manhattan en un edificio quemado. Una

And they did. Ten bucks. And there's seven of them. Seventy bucks could buy you a lot of black and white film in those days.'[1] While Lewis does not claim such dire beginnings, his choice of short-form filmmaking was not purely conceptual.

His *Upside Down Touch of Evil* (1997) is another homage, this one to Orson Welles, whose iconic opening shot of his 1957 film, *Touch of Evil*, was actually a compression of a much longer sequence that was cut short due to financial pressures. 'So an apparent shot of genius was created, in part, out of certain economical and business exigencies...'. Lewis said in a 1999 interview. Buoyed by knowing that even the masters like Welles were subject to fiscal constraints, Lewis, desiring to use 35mm film, began making works that last the duration of one roll of film, about five minutes. 'I don't have to edit, and right away this halves my production costs', he said. 'The work also addresses the reality of an artist, such as myself, who is trying to inhabit the commercial apparatus of traditional cinema.' Inhabiting the commercial apparatus is not the same as adopting the ends of commercial filmmaking. His choice of medium is rigorously based on his identification with and critique of cinematic techniques and history. This choice and commitment to a conceptual process places Lewis in the small company of artists for whom a concise conceptual enterprise is central, including Gary Hill, Douglas Gordon and Stan Douglas.

As filmic artists increasingly participate in what we normally associate with cinema or 'movies' (such as length, exotic locations, costumes, extensive crew, etc.),[2] the challenge for artists is to differentiate themselves from narrative (or commercial) cinema. This is not merely a matter of economics. It is a matter of ideas. Filmmaking achieved a high level of sophistication almost immediately. Abel Gance's *Napoleon* (1927) not only revealed masterful camerawork; it was also a three-screen projection! When video art was born in 1965 with the introduction of the Portapak, *Citizen Kane* was already twenty-four years old, to say nothing of the scores of universally acknowledged, legendary films of Chaplin, Méliès, and Eisenstein from early in the twentieth century. The notion of the poor artist only goes so far. Artists, to be viable, and not considered precious by seeking the relative protection of the art world, must make a good case for why their work should be seen in the context of the visual arts and not subjected to the harsh realities of the film world, even the 'art film' world. Lewis can make such a case, in part due to his affinity with some artists associated with the cinematic avant-garde of 1960s and 70s and with Minimalism.

Lewis's work has little apparent visual connection with the abstracted structuralist films of Brakhage and others. What Lewis does share with them is an interest in de-mystifying the filmmaking process and exposing its methods, as is clear in some of the very titles of his films, for example, *Downtown: Tilt, Zoom and Pan* (2005) and *Queensway: Pan and Zoom* (2005). Lewis's attention to these camera moves places technique on a par with content, suggesting that the filmmaker's 'material', especially the camera shot, is like any other artist's material.

1 Stan Brakhage, interview with Bruce Jenkins at Walker Art Center, Minneapolis, February, 1999.

2 In the digital age, artists working with the moving image are still often referred to as video artists, partly due to the preferred form of projection, which is DVD. Someone like Lewis makes such categories even more dubious because his 'films', most of which are shot on 35mm, have more to do with the history of avant-garde cinema than with video art. I prefer the term filmic artist, which refers to artists using the moving image in work designed for viewing and evaluation in the world of the visual arts, i.e. in galleries and museums.

1 Stan Brakhage, Entrevista con Bruce Jenkins en el Walker Art Center, Minneapolis, February, 1999.

2. En la era digital a menudo se sigue llamando video artistas a quienes trabajan con la imagen en movimiento; esto se debe a que el formato de proyección preferido es DVD. Lewis hace que estas categorías sean aún más dudosas ya que sus 'filmes' - la mayor parte rodados en 35mm - le deben más a la historia del cine de vanguardia que al video arte. Personalmente prefiero el termino artista fílmico, que se refiere a artistas que utilizan la imagen en movimiento en obras destinadas a ser vistas y evaluadas en contextos de artes visuales, como galerias o museos.

mitad está quemada desde techo hasta el tejado; la otra está carbonizada... A Jim Tenney (el músico) y yo Auggie, el tendero de la esquina, que es propietario del edificio, nos da este apartamento, para que evitemos que se quemara del todo', Brakhage pidió a algunos actores y bailarines entusiastas si pagarían 'diez pavos por cabeza para salir en una película. Y lo hicieron. Diez pavos. Y eran siete. Con setenta pavos podías comprar mucha película de blanco y negro por entonces'.[1] Aunque Lewis no alega tales principios miserables, su elección de una cinematografía basada en una forma corta no fue puramente conceptual.

Su *Upside Down Touch of Evil* (*Sed de mal al revés*) (1997) es otro homenaje, esta vez a Orson Welles, cuyo icónico plano de apertura de su película de 1957, *Touch of Evil* (*Sed de mal*), era de hecho una compresión de una secuencia mucho más larga que fue acortada a causa de presiones financieras. 'Así que un plano aparentemente genial fue creado, en parte, a partir de ciertas exigencias económicas y empresariales...', dijo Lewis en una entrevista de 1999. Animado al saber que incluso los maestros como Welles estaban sujetos a restricciones fiscales, Lewis, deseoso de filmar en 35mm, empezó a elaborar obras que duraban lo que una bobina de película, sobre cinco minutos. 'No tengo que editar, y eso de entrada reduce a la mitad mis costes de producción', dijo. 'La obra también se ocupa de la realidad de un artista, yo mismo, por ejemplo, que está intentando habitar el aparato comercial del cine tradicional'. Habitar el aparato comercial no es lo mismo que adoptar los fines del cine comercial. Su elección de medio está rigurosamente basada en su identificación con la historia y las técnicas cinematográfica y la crítica que hace de ellas. Su opción y compromiso con un proceso conceptual coloca a Lewis en compañía de un pequeño grupo de artistas para quienes resulta central una iniciativa conceptual concisa, e incluye a Gary Hill, Douglas Gordon y Stan Douglas.

Los artistas fílmicos participan cada vez más en lo que normalmente asociamos con cine o 'películas' (incluyendo duración, exteriores exóticos, vestuario, equipo extenso, etc.),[2] el reto para los artistas es diferenciarse del cine narrativo (o comercial). No es simplemente una cuestión de economía. Es una cuestión de ideas. El cine consiguió un alto nivel de sofisticación casi inmediatamente. *Napoleon* de Abel Gance (1927) no sólo reveló un trabajo de cámara maestro, ¡también era una proyección en tres pantallas! Cuando el videoarte nació en 1965 con la introducción del Portapak, *Citizen Kane* (*Ciudadano Kane*) tenía ya veinticuatro años, por no hablar de las consecuciones de películas legendarias, universalmente aclamadas, de Chaplin, Méliès, y Eisenstein de principios del siglo XX. La noción del artista pobre se queda a medio camino. Los artistas, para ser viables, y no ser considerados de valor al buscar la protección relativa del mundo del arte, deben justificar la razón por la cual su trabajo debería verse en el contexto de las artes visuales y no sujetarse a las duras realidades del mundo del cine, incluso del mundo del 'cine de arte y ensayo'. Lewis puede reclamar su lugar en las galerías, en parte por su afinidad con

Lewis shares this sensibility with filmmakers who have not received proper attention in the history of experimental film, including Ernie Gehr, Bruce Baillie, and Joyce Wieland. In the 1970s Gehr made several films that used either a single shot or focused on a single object. One of his most revered, the hypnotic *Serene Velocity* (1970), features a stationary camera zooming down an empty, industrially designed hallway. In *Field* (1970) his camera swiftly pans a country landscape, producing diagonal lines. A single street in Manhattan is shot at different times of day in *Still* (1971); and in *Untitled* (1977), snow falls on a brick wall. That's it. In similar fashion, his 2004 commissions for the opening of the remodelled Museum of Modern Art in New York, *MoMA on Wheels and Modern Navigation*, the seeming simplicity of his camerawork produced beguiling comments on the massive undertaking of this museum project.

Bruce Baillie's films, also mostly short-form, inject the formality of structuralism with an aesthetic akin to Lewis's. *All My Life* (1966) is a horizontal pan of a rose-filled fence that suddenly switches to a vertical view of the sky, all within the same shot. Other works, including *Tung* (1966), *Still Life* (1966) and *Castro Street* (1966), are known for their sublime simplicity. Within the confines of one or two shots, the artist expresses a visual complexity and emotional connection usually associated with longer, narrative films.

Painter, collagist, craftsperson, and filmmaker Joyce Wieland also used the short-form and material components of film to great effect. Two of her works, *Sailboat* (1967) and *1933* (1967), illustrate her deep connection to place and the camera's ability to translate intimate space to a viewer removed by time and distance. In *Sailboat*, a small boat emerges from the fog and moves across the screen repeatedly, while in *1933*, activity on a city street is recorded through the steel grates of a fire escape. The lyricism of these films is perhaps their defining feature, but the reduced language, what Benjamin Buchloh called in another context a 'process of extreme elimination',[3] results in a charged viewing experience that both compresses time and suggests a never-ending repetition of timed events, however anonymously performed by the people in the films.

Of course, Lewis differs from these artists in fundamental ways. Although his *Algonquin Park, September* (2001), for example, rivals, indeed surpasses, Wieland's *Sailboat* in its lyrical filming of a boat passing through fog, while his *Northumberland* (2005) echoes Baillie's *All My Life*, Lewis's preoccupation with the materiality of film practice extends to his hiring professional actors and crews for his work. This decision places him apart from his intensely personal forebears in experimental film for whom the external apparatus of filmmaking was secondary. Lewis wants to engage it all and herein lies the determination of his plan: while working within the confines of the short form and the single shot he seeks to maximize his participation in the epic nature of film.

The same was true for some pioneers of Minimalism, who, while eschewing the robust materialism of Abstract Expressionism, proceeded, despite frequent disclaimers, to

Bruce Baillie
All My Life (1966)
16mm film

3 Benjamin Buchloh, 'Sculpture: Publicity and the Poverty of Experience,' in Sabine Breitwieser (ed.), *White Cube/Black Box* (Vienna: Generali Foundation, 1996), p. 168. Here Buchloh is referring to the sculptures of Alberto Giacometti and the Giacometti-inspired vertical sculptures of Barnett Newman.

algunos artistas asociados con la vanguardia cinematográfica de las décadas de los 60 y 70 y con el Minimalismo.

La obra de Lewis tiene poca conexión visual aparente con las películas estructuralistas abstractas de Brakhage y otros. Lo que Lewis comparte con ellas en realidad es un interés por desmitificar el proceso cinematográfico y revelar sus métodos, como queda claro en algunos de los mismos títulos de sus películas, por ejemplo, *Downtown: Tilt, Zoom and Pan* (*Centro de la ciudad: panorámica vertical, zoom y panorámica horizontal*) (2005) y *Queensway: Pan and Zoom* (*Queensway: panorámica horizontal y zoom*) (2005). La atención de Lewis a estos planos coloca la técnica al mismo nivel que el contenido, cosa que sugiere que el 'material' del cineasta, especialmente el plano, es igual que el material de cualquier otro artista.

Lewis comparte esta sensibilidad con cineastas que no han recibido la atención que se merecen en la historia del cine experimental, incluyendo a Ernie Gehr, Bruce Baillie, y Joyce Wieland. En la década de los 70, Gehr rodó algunas películas que usaban o bien una sola toma o se centraban en un solo objeto. En uno de sus filmes más aclamados, la hipnótica *Serene Velocity* (*Velocidad serena*) (1970), una cámara estacionaria hace un zoom en un vestíbulo vacío, diseñado industrialmente. En *Field* (*Campo*) (1970) su cámara hace una panorámica rápida sobre un paisaje rural, cosa que produce lineas diagonales. Una única calle en Manhattan es rodada a diferentes horas del día en *Still* (*Inmóvil*) (1971); y en *Untitled* (*Sin título*) (1977), la nieve cae sobre un muro de ladrillos. Eso es todo. En un estilo similar, en sus obras de 2004 encargadas para la inauguración del remodelado Museum of Modern Art en Nueva York, *MoMA on Wheels* (*MoMA sobre ruedas*) y *Modern Navigation* (*Navegación moderna*), la aparente simplicidad de su trabajo de cámara produjo comentarios seductores sobre la grandiosa empresa de este proyecto del museo.

Los filmes de Bruce Baillie, también en su mayoría cortos, inyectan a la formalidad del estructuralismo con una estética semejante a la de Lewis. *All My Life* (*Toda mi vida*) (1966) consiste en una panorámica horizontal de una cerca llena de rosas que de repente cambia a una visión vertical del cielo, todo dentro de la misma toma. Otras obras, que incluyen *Tung* (1966), *Still Life* (*Naturaleza muerta*) (1966), y *Castro Street* (*Calle Castro*) (1966), son famosas por su sublime simplicidad. Dentro de los confines de uno o dos planos, el artista expresa una complejidad visual y una conexión emocional usualmente asociadas con metrajes más largos y narrativos.

La pintora, artista de collage, artesana, y cineasta Joyce Wieland también utiliza la forma corta y componentes materiales de cine con gran éxito. Dos de sus obras, *Sailboat* (*Velero*) (1967) y *1933* (1967), ilustran su profunda conexión al lugar y la habilidad de la cámara de trasladar el espacio íntimo a un espectador separado en tiempo y distancia. En *Sailboat*, una pequeña barca emerge de la niebla y se mueve a través de la pantalla repetidamente, mientras que *1933* graba la actividad de una calle de una ciudad a través

film still

Downtown: Tilt, Zoom and Pan (2005)
Super 35mm transferred to DVD
Commissioned by MUDAM – Museé d'Art Moderne Grand-Duc Jean, Luxembourg

3 Benjamin Buchloh, 'Sculpture: Publicity and the Poverty of Experience,' en Sabine Breitwieser (ed.), *White Cube/Black Box* (Vienna: Generali Foundation, 1996), p. 168. Aqui Buchloh se refiere a esculturas de Alberto Giacometti y a las esculturas verticales inspiradas en Giacometti de Barnett Newman.

de la rejilla de acero de una salida de incendios. El lirismo de estas películas es quizás su característica definitoria, pero el lenguaje reducido, que Benjamin Buchloh llamó en otro contexto un 'proceso de eliminación extremo',[3] da como resultado una densa experiencia como espectador que comprime el tiempo y, al mismo tiempo, sugiere una repetición inacabable de acontecimientos cronometrados, ejecutados, sin embargo, anónimamente por la gente en las películas.

Por supuesto, Lewis difiere de estos artistas en aspectos fundamentales. Aunque su *Algonquin Park, September* (*Parque Algonquin, septiembre*) (2001), por ejemplo, rivalice con *Sailboat* de Wieland en su filmación lírica de una barca que pasa a través de la niebla, e incluso la sobrepase; aunque su *Northumberland* (2005) se haga eco de *All My Life* de Baillie, la preocupación de Lewis por la materialidad de la práctica fílmica le lleva a contratar actores profesionales y equipos para su trabajo. Esta decisión le separa de sus predecesores, intensamente personales en el cine experimental, para quienes el aparato externo de la cinematografía era secundario. Lewis quiere conectarlo todo y aquí se halla el propósito resoluto de su plan: aunque trabajando dentro de los confines del cortometraje y la toma única, él busca maximizar su participación en la naturaleza épica del cine.

Esto mismo se puede aplicar a los pioneros del Minimalismo, que, aunque evitando el robusto material del Expresionismo Abstracto, procedieron, a pesar de frecuentes exenciones de responsabilidad, a elaborar obras de arte de suma subjetividad y belleza. El minimalismo, como iniciativa, se consagraba a la simplicidad, la reducción, lo objetivo. Las proclamas (o protestas) de Donald Judd son bien conocidas: al describir su propia obra, se quería distanciar de los excesos subjetivos de la pintura. Mis 'materiales varían mucho y son simples materiales –formica, aluminio, acero laminado en frío, plexiglás, latón común y rojo, y otros', escribió en 1965. Judd, que tuvo una amplia carrera como pintor, introdujo la sensibilidad pictórica en sus ilustraciones industriales, 'no-ilusorias' desde la década de los 60 en adelante. Tenía, por ejemplo, una clara preferencia por el color rojo (raro para alguien no interesado en lo pictórico). Ann Goldstein apunta que la exposición en solitario de Judd en 1963 en la Green Gallery de Nueva York consistió en 'nueve obras que con rampas, cajas, cuñas, y formas abiertas enrejilladas, y todas ellas utilizan ligera pintura roja de cadmio'. Ella cita a Judd: '...a parte de un gris de ese valor, [el rojo] parece ser el único color que realmente hacen el objeto nítido y define sus contornos y ángulos'.[4]

4 Ann Goldstein, 'Donald Judd,' en Ann Goldstein, (ed.), *A Minimal Future? Art as Object 1958–1968* (Cambridge, MA: MIT Press, 2004), p. 254.

Lewis comparte la atención de Judd (y otros) al color, pero de maneras más sutiles, como si, a diferencia de Judd, no quisiera centrar la atención sobre éste, por miedo a que no domine una escena. En *Downtown: Tilt, Zoom and Pan*, hay una taza de plástico rojo en la arena sucia en el plano inicial. Cuando la cámara lentamente revela un paisaje urbano, una mujer está de pie a la izquierda con un abrigo rojo y posteriormente un hombre está sentado en un coche rojo, esperando. En *Queensway: Pan and Zoom*, una mujer está de pie

make artwork of utmost subjectivity and beauty. Minimalism, as an enterprise, was devoted to simplicity, reduction, the objective. Donald Judd's proclamations (or protestations) are well known: in describing his own work, he wanted to distance himself from the subjective excesses of painting. My 'materials vary greatly and are simply materials – formica, aluminum, cold-rolled steel, Plexiglas, red and common brass, and so forth', he wrote in 1965. Judd, who had an extensive career as a painter, brought a painterly sensibility to his industrial, 'non-illusionistic' artworks from the 1960s onward. He had, for example, a clear preference for the colour red (odd for someone uninterested in the pictorial). Ann Goldstein notes that in 1963 Judd's solo exhibition at New York's Green Gallery consisted of 'nine works featuring ramps, boxes, wedges, and slatted open forms, all employing cadmium red light paint.' She quotes Judd: '...other than a grey of that value, [red] seems to be the only colour that really makes an object sharp and defines its contours and angles'.[4]

Lewis shares Judd's (and others') attention to colour but in more subtle ways, as if, unlike Judd, he doesn't want to draw attention to it, lest it dominate a scene. In *Downtown: Tilt, Zoom and Pan*, a red plastic cup lies in the dirty sand in the opening shot. The camera slowly reveals a cityscape, while a woman stands to the left in a red coat, and further along a man sits in a red car, waiting. In *Queensway: Pan and Zoom*, a woman stands on a corner wearing a yellow raincoat (highlighted against the grey sky). Later the camera zooms towards a red shirt hanging in a window next to white curtains blowing in the breeze. In an otherwise bleak environment these colours become strong evidence of the artist's hand. In recent work, Lewis's investigation of painting itself has become a primary focus.

In this pursuit he finds affinities with Robert Ryman whose enterprise[5] as a painter has involved exposing the physicality of both the materials of his work (paint) and the action of painting. His mostly white canvases are comparable to the short-form single-shot approach used by Lewis. This economy of presentation in both Ryman and Lewis shields the intense engagement with the materials they use, which, for Ryman might be a variety of canvases and paints, gesso, etc., and, for Lewis all the components of his elaborate process with crews, cameras, lenses, etc.

Another ex-painter, central to Minimalism, is Robert Morris who is representative of several artists' concerns with the viewer's spatial relationship to the art object. Lewis inherits Morris's sense of the exhibition space as a place where viewers' bodies interact with the content of the space. Morris's *Untitled (L-Beams)* (1965), for example, are not just artful reimaginings of industrial objects. They are, first of all, art objects placed in a very specific way in an art gallery (Green Gallery) to maximize viewer engagement (through walking around them; and moving and standing in relationship to their skewed angle to each other, etc.).

Lewis doesn't experiment with projection surfaces, but his short format is, in part, in direct response to viewers' habits (and need) to 'pass through' a gallery space, encounter

Joyce Wieland
Sailboat (1967)
Courtesy the artist and The Cinémathèque
Québécoise, Montreal
Still provided by the Canadian Filmmakers
Distribution Centre

4 Ann Goldstein, 'Donald Judd,' in Ann Goldstein, (ed.), *A Minimal Future? Art as Object 1958–1968* (Cambridge, MA: MIT Press, 2004), p. 254.

5 This word is intentionally repeated to link Lewis with other artists whose work is defined by a commitment to central ideas or even one idea over time.

Joyce Wieland
1933 (1967)
Courtesy the artist and The Cinémathèque
Québécoise, Montreal
Still provided by the Canadian Filmmakers
Distribution Centre

5 Esta palabra se repite de forma intencionada para ligar a Lewis con otros artistas cuyo trabajo se define por dedicarse a unas ideas principales o incluso una sola idea a lo largo del tiempo.

en un rincón y lleva un chubasquero amarillo (destacado contra un cielo gris). Más tarde, la cámara hace un zoom hacia la camisa roja que cuelga de un ventana cerca de unas cortinas blancas que se mueven con la brisa. En un por lo demás inhóspito entorno, estos colores se convierten en una prueba clara de la mano del artista. En obras recientes, la investigación de Lewis sobre la pintura misma se ha transformado en un objetivo primario.

En este propósito, encuentra afinidades con Robert Ryman, cuyo iniciativa[5] como pintor ha supuesto exponer la fisicalidad tanto de los materiales de su obra (pintura) como de la acción de pintar. Sus lienzos en su mayor parte blancos son comparables al cortometraje en plano secuencia usado por Lewis. Esta economía de presentación tanto en Ryman como en Lewis protege la intensa simbiosis con los materiales que usan, que, para Ryman pueden ser una variedad de lienzos y pinturas, yeso, etc. y, para Lewis todos los componentes de su elaborado proceso con equipos, cámaras, lentes, etc.

Otro ex-pintor, figura central del Minimalismo, es Robert Morris, que se erige como representante de las preocupaciones de varios artistas por la relación espacial del espectador con el objeto artístico. Lewis hereda el sentido de espacio de la exposición de Morris como un lugar donde los cuerpos de los espectadores interactúan con el contenido del espacio. *Untitled (L-Beams)* –Sin título (*Vigas en forma de L*)– (1965), por ejemplo, no son solamente restos artísticos de objetos industriales. Son, primero de todo, objetos de arte colocados de una manera específica en una galería de arte (Green Gallery) para maximizar la interacción del espectador (de tal manera que ande a su alrededor; que se mueva y se pare en relación a sus ángulos sesgados en relación a las otras piezas, etc).

Lewis no experimenta con las superficies de proyección, pero su formato corto es, en parte, una respuesta directa a los hábitos (y necesidades) de los espectadores de 'pasar' por el espacio de la galería, encontrarse con una obra de arte por un período limitado de tiempo, después seguir adelante. Estas preocupaciones claramente sitúan tanto a Morris como a Lewis dentro del contexto galerístico, hecho que es fundamental que se reconozca. Su obra, a pesar de ser tan creativa como es (o ha sido, en el caso de Morris), es creada para ser vista dentro del espacio blanco de la galería. La cuestiones intra-artísticas del arte o la historia del cine como se experimenta dentro de un contexto artístico (opuesto a la actitud anti-museística o anti-multicines de artistas que no exponen en espacios convencionales) son de una importancia capital en este caso. Históricamente, tanto el videoarte como el Minimalismo se desarrollaron en el contexto de su 'museización' casi inmediata.

CORTE CRUZADO: HAZ UN PANORAMA, PINTA, REPITE, DIGITALIZA

Los artistas post-medio contemporáneos, como Rosalind Krauss llama a los artistas híbridos de nuestro tiempo, a menudo mantienen alguna relación con la pintura, bien como reacción

a work of art for a contained period of time, then move on. With both Morris and Lewis, these concerns clearly situate them within the gallery context, which is very important to recognize. Their work, as outside the box as it may be (or may have been, in Morris's case), is very much created to be seen inside the white box. The intra-art issues of art or film history as experienced within an art context (as opposed to the anti-museum or anti-cineplex attitude of artists who do not show in conventional spaces) are of central importance here. Historically, both video art and Minimalism developed in relation to their being 'museumized' almost immediately.

CROSS-CUT: PAN, PAINT, REPEAT, DIGITIZE

Contemporary, post-medium artists, as Rosalind Krauss calls the hybrid artists of our time, most often maintain some relationship to painting, either in reaction to it or assimilating it in terms of composition, attention to colour and abstraction, etc. The same is true for experimental film artists (Brakhage, Gregory Markopoulos, Robert Beavers, to name but a few) as well as contemporary filmic artists, especially Bill Viola and Lewis.

Viola's work since the mid-1990s has expressly addressed medieval and Renaissance paintings. Displayed as diptychs, triptychs or single and multi-wall projections, each of his films (often shot on 35mm and transferred to DVD for projection) is characterized by slowed down movement by men and women in modern dress portraying 'characters' from paintings. One of these, *The Greeting* (1995), inspired by Pontormo's *Visitation* (1528–29), was the first work of video art to enter the collection of the Metropolitan Museum of Art in New York, due largely to the work's association with the history and practice of painting. His series called *The Passions*, dramatically lit portraits of contemporary people (professional actors) performing a variety of emotions, are based on fifteenth- to seventeenth-century paintings by artists such as Andrea Mantegna, Dieric Bouts, and Antonio de Pereda.

Lewis's *Algonquin Park* films have been heralded for their lushness and painterly qualities.[6] Indeed, associations with Caspar David Friedrich and J. M. W. Turner are evident in the films. Dense fog, slowly lifting, or a starkly white winter sky meeting a frozen lake at the horizon do, no doubt, provide the same sense of transcendent pleasure afforded by the paintings of Turner or the photos of Weston.

In the same way that we would not want to reduce Lewis's work to the status of the purely structural or minimal, we should not allow his singular strength as a cinematographer to reduce his work to 'paintings'. They are, after all, films and their power resides in the fact that the images are moving, however slowly, resulting in an experience of time and duration not possible with painting. We also must recognize the increasingly important role digital technology plays for this artist, not because the technology is central to the work (it isn't,

6 Cf. Bernhard Fibicher, 'Painterly aspects in Mark Lewis's New Film,' in *Mark Lewis*, exhibition catalogue (Kunsthalle Bern, 2003), pp. 43-48.

a ella, bien asimilándola en cuanto a su composición, atención al color y abstracción, etc. Lo mismo se aplica a artistas de cine experimental (Brakhage, Gregory Markopoulos, Robert Beavers, para nombrar sólo a unos pocos) así como a artistas fílmicos contemporáneos, especialmente Bill Viola y Lewis.

La obra de Viola desde mediados de los 90 ha hecho referencia. expresamente a pinturas medievales o renacentistas. Expuestas como dípticos, trípticos o proyecciones, cada una de sus películas (con frecuencia rodadas en 35mm y transferidas a DVD para su proyección) se caracteriza por el movimiento ralentizado de hombres y mujeres en ropa moderna representando a 'personajes' pictóricos. Una de estas, *The Greeting* (*El saludo*) (1995), inspirada en *La Visitazione* (*La visita*) (1528-29) de Pontormo, fue la primera obra de videoarte que entró en la colección del Metropolitan Museum of Art de Nueva York, en gran parte a causa de las asociaciones de la obra con la historia y la práctica de la pintura. Su serie llamada *The Passions* (*Las pasiones*), retratos dramáticamente iluminados de personas contemporáneas (actores profesionales) representando diferentes emociones, se basa en pinturas del siglo XV al XVII de artistas como Andrea Mantegna, Dieric Bouts, y Antonio de Pereda.

Los filmes *Algonquin Park* de Lewis has sido proclamados por su suntuosidad y cualidades pictóricas.[6] En efecto, asociaciones con Caspar David Friedrich y J. M. W. Turner son evidentes en las películas. Niebla densa, lentamente levantándose, o un cielo de invierno crudamente blanco encontrándose con un lago helado en el horizonte provee, no hay duda, del mismo sentido de placer transcendente que proporcionan las pinturas de Turner o las fotografías de Weston.

De la misma manera que no querríamos reducir la obra de Lewis al status de puramente estructural o minimalista, no deberíamos permitir que su fuerza singular como cineasta reduzca su obra a 'pinturas'. Son, después de todo, filmes y su poder reside en el hecho de que las imágenes se mueven, aunque sea lentamente, cosa que resulta en una experiencia de tiempo y duración imposible en pintura. Debemos reconocer el papel cada vez más importante que la tecnología digital juega para este artista, no porque la tecnología sea fundamental para su obra (no lo es, por lo que parece, a diferencia de los métodos del cine tradicional, que sí lo son), sino porque es precisamente esta combinación de lo cinematográfico y lo digital que produce la presunta 'pictoricidad' de Lewis. Sin travellings, zooms, panorámicas, edición digital, vídeo de alta definición y herramientas de post-producción como 'Smoke' e 'Inferno', no habría películas.

Desde el principio, dice Lewis, ha sometido a sus filmes de una sola toma a manipulaciones de ordenador.[7] En *Windfarm* (*Parque eólico*) (2001), digitalmente eliminó y añadió fotogramas para producir los ligeros efectos stop-motion en el movimiento de las turbinas. *Downtown: Tilt, Zoom and Pan* implicó una plétora de revisiones digitales y efectos

6   Cf. Bernhard Fibicher, 'Painterly aspects in Mark Lewis's New Film,' en *Mark Lewis*, catálogo de exposición (Kunsthalle Bern, 2003), pp. 43–48.

7   La siguiente información sobre el uso de tecnologías digitales por parte de Lewis proviene de una comunicación con el autor en diciembre de 2005.

apparently, unlike the methods of traditional cinema, which are), but because it is precisely through this combination of the cinematic and the digital that Lewis's so-called 'painterliness' is produced. Without tracking shots, zooms, pans, digital editing, high-definition video, and post-production tools such as 'Smoke' and 'Inferno', there would be no films.

From the beginning, Lewis says, he subjected his single-take films to computerized manipulations.[7] In *Windfarm* (2001) he digitally removed and added frames which produced the slightly stop-motion effects in the wind turbines' movement. *Downtown: Tilt, Zoom and Pan* involved a plethora of digital re-workings and special effects, though these are not evident to the casual viewer. Instead, what we revel in are the beautifully composed shots, the signature trees blowing in a light breeze (many of his films contain this scenic motif), the use of red, noted above, the dust, the cars, the enigmas that are the main 'characters.' Painterly, yes, but more precisely, filmic, because within this single-screen projection the visual, temporal, intellectual, and photographic information is fundamentally contingent on the medium of film.[8]

In his current work, *Rear Projection* (2006), Lewis again performs a homage, this time to the early technology of rear projection. In this work past and present collide, providing a gloss on the connection between the cult of personality represented by the actress Molly Parker (who is enacting her own grand identity) and the technology that supports such 'stars' (films, cameras, television). 'All the film', Lewis said while still in production, 'will pass through the digital domain, even the rear projected films. These will be scanned into high definition video, manipulated, fixed-up, and then outputed back onto film.'

In these gestures, Lewis surpasses homage and enters his own domain of original, singular artmaking.

7 The following information on Lewis's use of digital technology comes from communication with the author in December, 2005.

8 This could also be said of video.

especiales, aunque éstos no son evidentes para el espectador ocasional. En cambio, en lo que nos deleitamos es en los planos bellamente compuestos, los característicos árboles agitándose con una suave brisa (muchos de sus filmes contienen este motivo escénico), el uso del rojo, como hemos apuntado antes, el polvo, los coches, los enigmas, que son los principales 'personajes'. De manera pictórica, sí, pero más precisamente, fílmica, porque dentro de esta proyección, la información visual, temporal, intelectual y fotográfica es fundamentalmente dependiente del medio cinematográfico.[8]

8 Esto también se podría decir del vídeo.

En su trabajo actual, *Rear Projection* (*Proyección de fondo*), Lewis una vez más hace un homenaje, en este caso a la antigua tecnología de la proyección de fondo. En esta obra, el presente y el pasado chocan, cosa que proporciona una explicación sobre la conexión entre el culto a la personalidad representada por la actriz Molly Parker (que representa su propia identidad distinguida) y la tecnología que sostiene tales 'estrellas' (películas, cámaras, televisión). 'Todo el filme', dijo Lewis durante la producción, 'pasará al formato digital, incluso el material de la proyección de fondo. Serán escaneados en vídeo de alta definición, manipulados, retocados, y después transferidos nuevamente a celuloide'.

Con estas acciones, Lewis sobrepasa el homenaje y entra en su propio dominio de ejecución artística singular, original.

Rear Projection
Location photographs (2005)

Rear Projection (2006)
Super 35mm transferred to High Definition

Rear Projection (2006)
Super 35mm transferred to High Definition

TOP: location photographs
ABOVE: installation view, MNAC National Museum of Contemporary Art, Bucharest
OPPOSITE: film still

Northumberland (2005)
Super 35mm transferred to DVD
Courtesy and collection of Hexham Cultural Centre, Northumberland

film stills

Downtown: Tilt, Zoom and Pan (2005)
Super 35mm transferred to DVD
Commissioned by MUDAM – Museé d'Art Moderne Grand-Duc Jean, Luxembourg

38

TOP: location photographs OPPOSITE: film still

Queensway: Pan and Zoom (2005)
Super 35mm transferred to DVD
Commissioned by MUDAM – Museé d'Art Moderne Grand-Duc Jean, Luxembourg

TOP: installation view, churchyard of St Mary-le-Bow church, London
ABOVE & OPPOSITE: film stills

Rush Hour, Morning and Evening, Cheapside (2005)
Super 35mm transferred to DVD
Courtesy of Modus Operandi Art Consultants. Courtesy and collection of the Corporation of London

42

film stills

Gladwell's Picture Window (2005)
Super 35mm transferred to DVD

film stills

Off-leash (2004)
Super 35mm transferred to DVD

ABOVE: location photographs OPPOSITE: film still

Airport (2003)
Super 35mm transferred to DVD

ABOVE: location photographs OPPOSITE: film still

Brass Rail (2003)
Super 35mm transferred to DVD
Courtesy and collection of MUDAM – Musée d'Art Moderne Grand-Duc Jean, Luxembourg

film stills

Harper Road (2003)
Super 35mm transferred to DVD

film stills

Churchyard Row (2003)
Super 35mm transferred to DVD

ABOVE: location photographs OPPOSITE: film still

Lawson Estate (2003)
Super 35mm transferred to DVD

56

Mark Lewis, from *September* (2001) to *Early March* (2002)

Philippe-Alain Michaud

Formal problems are at the heart of a work of art's engagement with the world.
Mark Lewis, 'Interview with Jeff Wall', 1994

The whole of Mark Lewis's cinema is an exploration of the conventions of the cinemato-graphic medium.[1] Since the early 1990s, when he switched from photography to working with moving images, the filmmaker has developed an analytical process of Kantian inspiration, through which he seeks to throw light on the nature of the cinematic image and describe how it is formed by isolating each of its properties and formal components.[2] This project is an examination of the possibilities of the filmic image in which distinctions between language and metalanguage, between invention of form and critical device, are no longer valid. In reducing the filmic image to scenic devices he challenges traditional cinema's laws of narrative and syntax. He frees the elements of the cinematographic medium from their narrative function, giving them the independence to take on purely visual values. Mark Lewis's cinema draws up a map of these formal movements.

These are characterized by compressed narrative (*Two Impossible Films*, 1995–1997) and concentration on passing time (*Jay's Garden, Malibu*, 2001); the subversion of camera position (*Upside Down Touch of Evil*, 1999) or of spatial integrity (*Centrale*, 1999) and the shifting of focus to inactive areas of the image such as background and details. The slow tracking in *North Circular* (2000) begins with an abandoned modern building and ends with a close-up of a spinning top on a table, while an indistinct silhouette slides off into the distance. The action, at first invisible but virtually perceptible, is revealed after an optical slip that changes the very nature of the image, transforming the whole shot into a close-up, changing the linear movement to a circular movement and depth of field to surface – the table with the spinning top, like an example of allusive expression, borrowed from Chardin, of the pictorialization of the shot.

A Sense of the End (1996) is an allegory of this challenge to narrative form and the traditional economy (in both the aesthetic and economic sense) of film, which results in its analytical deconstruction. The installation (a double projection), which consists of a series of sequences of differing lengths, offers a series of variations on the endings of action movies – or a series of endings involving no action. The end of the film becomes the core of the narrative.

1 Shepherd Steiner, 'Invention and Reinvention in the Films of Mark Lewis (The Set Theory)', *Mark Lewis*, exhibition catalogue (Kunsthalle Bern, 2002), p.15.

2 'Mark Lewis in Conversation with Jeff Wall', *Transcripts*, vol. 3, no. 3, pp. 167–97.

Mark Lewis, de *September (Septiembre)* (2001) a *Early March (Principios de marzo)* (2002)

Philippe-Alain Michaud

1 Shepherd Steiner, 'Invention and Reinvention in the Films of Mark Lewis (The Set Theory)', *Mark Lewis*, Catálogo de exposición (Kunsthalle Bern, 2002), p.15.

2 'Mark Lewis in Conversation with Jeff Wall', *Transcripts*, vol. 3, no. 3, pp. 167-97.

Los problemas formales representan la esencia del compromiso de la obra de arte con el mundo.
Mark Lewis, 'Entrevista con Jeff Wall', 1994

El conjunto de la obra fílmica de Mark Lewis es una exploración de las convenciones del medio cinematográfico.[1] Desde principios de la década de los 90, cuando dejó la fotografía para trabajar con la imagen en movimiento, el cineasta ha desarrollado un proceso analítico de inspiración kantiana, por medio del cual busca poner de relieve la naturaleza de la imagen cinematográfica y describir cómo se forma, a través del aislamiento de cada una de sus propiedades y componentes formales.[2] Este proyecto es una análisis de las posibilidades de la imagen fílmica en el que las distinciones entre lenguaje y metalenguaje, entre invención de forma y aparato crítico, dejan de ser válidas. Al reducir la imagen cinematográfica a mecanismos escénicos, el autor cuestiona las leyes de narrativa y sintaxis del cine tradicional. Libera los elementos del medio cinematográfico de su función narrativa, dándoles la independencia para asumir valores puramente visuales. El cine de Mark Lewis dibuja un mapa de estos movimientos formales.

Éstos se caracterizan por una narrativa comprimida (*Two Impossible Films –Dos películas imposibles–*, 1995-1997) y la concentración en el paso del tiempo (*Jay's Garden, Malibu –El Jardín de Jay, Malibu–*, 2001); la subversión de la posición de la cámara (*Upside Down Touch of Evil –Sed de mal al revés–*, 1999) o de la integridad espacial (*Centrale*, 1999) y el cambio de foco hacia las zonas inactivas de la imagen, tales como fondo y detalles. El lento travelling de *North Circular (Circular norte)* (2000) empieza con un edificio moderno abandonado y termina con un plano-detalle de una peonza dando vueltas sobre una mesa, mientras una silueta indistinguible se desvanece en la distancia. La acción, al principio invisible pero virtualmente perceptible, se revela después de un desplazamiento óptico que cambia la propia naturaleza de la imagen, transformando el plano general en plano-detalle, los movimientos lineares en circulares y la profundidad de campo en superficie – la mesa con la peonza, como una expresión que hace alusión a Chardin, da al plano una cualidad pictórica.

A Sense of the End (Sensación de fin) (1996) es una alegoría de este cuestionamiento de la forma narrativa y de la economía tradicional (tanto en el sentido económico como estético) del cine, que tiene como resultado su deconstrucción analítica. La instalación (una proyección

The displacement of the narrative makes visible the scenic device. Speaking about *After (Made for TV)* (1999), Mark Lewis said 'I wrote a screenplay, one of those noir thrillers we all dream of making, then I discarded all the story, all the plot and all the character portraits. I filmed what was left, the scenes that happen "after", after a particular plot development, scenes in which the film breathes and becomes purely visual for a moment, catching up with the changes imposed by the story.'[3]

Mark Lewis's films, shot in 35mm and intended not for theatrical screening but for digital projection on gallery walls, have progressively ceased to represent fragments of history. They focus on static effects and are mostly made up of unedited takes of very short duration (four minutes or less), emulating the techniques of the Lumière brothers' short films and reviving the ambiguous relationship between those early shorts and the real world. In that body of images recorded at the dawn of cinema which, despite their disparate origins, create a kind of implicit stylistic cohesion, Lumière's cameramen tried less to capture visual images of the world around them than to use these as a touchstone in order to analyse the power of the moving image. The endless processions of animals, soldiers and vehicles, of people entering and leaving ports, factories and stations, the erratic movements of passers-by and the general movement of objects across the field of vision become a means for presenting cinematographic techniques and structures. The Lumières' cinema is about constructing a field of vision across which people and objects move, thereby telling a story and providing a sense of scale. It is the cameraman's task to show the space in which the action is set being crossed by an activity, event or movement. It is more that formal attitude rather than the revisiting of the scenes to which painters were drawn – people working in the fields, trains entering stations, waves breaking on the rocks, etc., all the open-air subjects that the Impressionists were tackling at the time – that connects the Lumière system to the world of painting. The *Algonquin Park* diptych conforms to the same logic. Having first made its formal elements explicit, the film then moves into the realms of the painterly.

View of the railway station at Ambérieu under snow, taken from the train, January–February 1897, cameraman unknown
© Institut Lumière, Lyon

Ploughing, autumn 1896, cameraman unknown
© Institut Lumière, Lyon

SEPTEMBER

'All nature,' wrote Thomas Cole, 'is new to art, no Tivolis, Ternis, Mont Blancs, Plinlimmons, hackneyed and worn by the daily pencils of hundreds; but primeval forests, virgin lakes and waterfalls.'[4] In *Algonquin Park, September*, a static, panoramic shot of a lakeland landscape shrouded in mist is a literal transposition of the Arcadian scenes depicted by the painters of the Hudson River School. It marks the return of cinema to the original pictorial language of the sublime, to representations of shifting landscapes, shaped by nature alone and presented to the human eye for the first time.

3 'Trying not to make films that are too long', A conversation between Jérôme Sans and Mark Lewis, *Trans Magazine* No.7 (2000).

4 Quoted by Louis Legrand Noble, *The Life and Works of Thomas Cole* [1853] (Cambridge MA: Harvard University Press, 1964).

doble), que consiste en un grupo de secuencias de duración variable, ofrece una serie de variaciones sobre los finales de películas de acción o una serie de finales que no contienen acción alguna. El final de la película se transforma en el elemento esencial de su narrativa.

El desplazamiento de la narrativa hace visible el mecanismo escénico. Hablando de *After (Made for TV) –Después (hecha para televisión)–* (1999), Mark Lewis dijo 'Escribí un guión, uno de esos thrillers de cine negro que todos soñamos hacer, entonces descarté toda la historia, todo el argumento y todos las caracterizaciones de los personajes. Rodé lo que quedaba, las escenas que pasaban 'después', después de un desarrollo concreto del argumento, escenas en las cuales la película respira y se convierte en puramente visual por un momento, recuperando el campo perdido por los cambios impuestos por la historia'.[3]

3 'Trying not to make films that are too long', Una conversación entre Jérôme Sans y Mark Lewis, *Trans Magazine* No.7, (2000).

Las películas de Mark Lewis, rodadas en 35mm y pensadas no para su exhibición en salas de cine sino para la proyección digital en muros de galerías de arte, progresivamente han dejado de representar fragmentos de historia. Se centran en efectos estáticos y en su mayoría consisten en tomas sin editar de duración muy breve (cuatro minutos o menos), que emulan las técnicas de los cortos de los hermanos Lumière y que reviven la ambigua relación entre estos antiguos cortos y el mundo real. En el cuerpo de imágenes grabadas en los albores del cine que, a pesar de sus orígenes dispares, crean una especie de cohesión estilística implícita, los cámaras de los Lumière intentaron no tanto el capturar imágenes visuales del mundo que está a su alrededor sino usarlas como piedra de toque para analizar el poder de la imagen en movimiento. Las inacabables procesiones de animales, soldados y vehículos, de gente que entra y sale de puertos, fábricas y estaciones, los erráticos movimientos de transeúntes y el movimiento general de objetos a través del campo de visión se transforma en un medio para presentar técnicas y estructuras cinematográficas. El cine de los Lumière trata de la construcción de un campo de visión a través del cual se mueven gente y objetos, de ese modo explicando una historia y proporcionando un sentido de la escala. Es el trabajo del cámara mostrar que una actividad, movimiento o acontecimiento cruza el espacio en que la acción se sitúa. Es esta actitud formal, más que la revisión de escenas que llamaban la atención de los pintores – gente que trabajaba en los campos, trenes que entraban en estaciones, olas que rompían contra las rocas…, todos los temas que se desarrollaban en el espacio abierto y que los Impresionistas trataban en esa época – la que conecta el sistema de los Lumière con el mundo de la pintura. El díptico de *Algonquin Park* se adecua a la misma lógica. Una vez que han hecho explícitos sus elementos formales, las películas evolucionan hacia la esfera de lo pictórico.

SEPTEMBER (SEPTIEMBRE)

'Toda la naturaleza' , escribió Thomas Cole, 'es nueva al arte, no los Tivolis, Ternis, Mont Blancs, Plinlimmons, trillados y gastados por los lápices diarios de cientos; sino bosques

A broad band of mist moves slowly from right to left, creating an imperceptible movement on the surface of the screen. It unifies the space by breaking down the forms that occupy it. In the middle of the picture, two dark, lonely hills covered with fir trees emerge from the mass of cloud, inhabiting the field of their presence without subjectivity. Spreading across the mass of conifers, these bands of pale cloud show how the various elements of the scene interpenetrate one another.

On October 8, 1826, at the time when he was painting landscapes in the Catskills, Thomas Cole described in his journal his solitary expedition into the deserted hills:

At an hour and a half before sunset, I had a steep and lofty mountain before me, heavily wooded, and infested with wolves and bears, and as I had been informed, no house for six miles. But I determined, in spite of all difficulties, and an indescribable feeling of melancholy, to attain my object: so, pressing my portfolios to my side, I dashed up the dark and woody height. After climbing some three miles of steep and broken road, I found myself near the summit of the mountain, with (thanks to some fire of past times) a wide prospect. Above me jutted out some bare rocks; to these I clambered up, and sat upon my mountain throne, the monarch to the scene. The sun was now clearly setting and the shadows veiled in dim obscurity the quiet valley. Here and there a stream faintly sparkled; clouds, flaming in the last glories of day, hurt on the points of the highest peaks like torches lifted by the hearts kindle the lamps of heaven. Summit rose above summit, mountain rolled beyond mountain, a fixed, a stupendous tumult. The prospect was sublime. A hasty sketch or two, and I commenced my descent...[5]

Thomas Cole
Catskill Creek, New York (1845), oil on canvas
© New-York Historical Society, New York/Bridgeman Art Library

5 Noble, *Cole*, pp. 42–43.

As in Thomas Cole's description, in *Algonquin Park, September* the elevated camera position taking in a broad field of vision, the fusion of darkness and light, defamiliarized space and loss of vision all serve to dismantle the traditions of composition. In classic landscapes, the plane is based on a horizontal line that matches the geometry of the frame, thus providing stability. Here, the effect of the panoramic format is accentuated by the fusion of destabilizing elements, arousing feelings of cosmic loss. The gaze of the viewer is enveloped in the distant mist and left without reference points. The atmospheric confusion blurs all outlines, making it impossible to focus and obliterating spatial reference points. The vista dissolves in an atmosphere without contours. The scene seems like a fragment of an alien world, a mere sketch that emphasizes the materiality of the image.

In the fiftieth second of the film a canoe appears at the right-hand edge of the shot. As it moves towards the left, the clouds disperse in the light, contrasts are accentuated and spatial depth is re-established. The layer of cloud shades off from darkness to light while the spectrum of colour broadens. Imperceptibly, a patch of blue sky delicately tinged with pink appears at the top of the frame, while below we see the sparkling surface of the lake

4 Citado por Louis Legrand Noble, *The Life and Works of Thomas Cole* [1853] (Cambridge MA: Harvard University Press, 1964).

primaverales, lagos vírgenes y cascadas'.[4] En *Algonquin Park, September* (*Parque Algonquin, septiembre*), una panorámica estática de un paisaje de un lago envuelto en niebla es una transposición literal de las escenas arcádicas representadas por los pintores de la Escuela del río Hudson. Marca el retorno del cine al lenguaje pictórico original de lo sublime, a las representaciones de paisajes cambiantes, determinados por la soledad natural y presentados al ojo humano por primera vez.

Un amplio banco de niebla se mueve lentamente desde la derecha a la izquierda, creando un imperceptible movimiento en la superficie de la pantalla. Unifica el espacio a través de la ruptura de las formas que la ocupan. En el centro de la imagen, dos colinas oscuras, solitarias, cubiertas por abetos, emergen de la masa de nubes, habitando el campo con su presencia sin subjetividad. Extendiéndose a través de las masas de coníferas, estos bancos de nubes pálidas muestran como varios elementos de la escena se entrelazan uno con otro.

El 8 de octubre de 1826, en el momento en que estaba pintando paisajes en Catskills, Thomas Cole describió en su diario su solitaria expedición por las colinas desiertas:

A una hora y media del crepúsculo, tenía una montaña escarpada y altiva ante mí, llena de árboles, e infestada de lobos y osos, y, como se me había informado, ninguna casa a seis millas a la redonda. Sin embargo, decidí que, a pesar de todas las dificultades, y con un sentimiento indescriptible de melancolía, alcanzaría mi objetivo: así, presionando mi carpeta contra mi costado, enfilé con presteza la oscura y arbolada altura. Después de avanzar durante tres millas por un camino empinado y arruinado, me encontré con sorpresa cerca de la cima de la montaña, con una ancha perspectiva (gracias a algún fuego ocurrido hacía tiempo). Sobre mí sobresalían algunas rocas peladas; a ellas trepé, y me senté sobre mi trono montañoso, el monarca de la escena. El sol estaba ahora claramente poniéndose y las sombras tendían un velo de creciente oscuridad sobre el tranquilo valle. Aquí y allí un arroyo brillaba, las nubes, ardientes en las últimas glorias del día, heridas por las cimas de los más altos picos como antorchas que levantaran los corazones, iluminaban las lámparas del cielo. Cima levantose sobre cima, montaña retumbó sobre montaña, un fijo, estremecedor tumulto. La perspectiva era sublime. Un boceto rápido o dos, y comencé my descenso...[5]

5 Noble, *Cole*, pp. 42–43.

Como en la descripción de Thomas Cole, en *Algonquin Park, September*, la posición elevada de la cámara, que abarca un ancho campo de visión, la fusión de oscuridad y luz, el espacio defamiliarizado y la pérdida de visión sirven para desmontar las tradiciones de la composición. En los paisajes clásicos, el plano pictórico está basado en una linea horizontal que se armoniza con la geometría del marco, dando así estabilidad al conjunto. Aquí, el efecto del formato panorámico es acentuado por la fusión de elementos desestabilizadores, cosa que desata sentimientos de pérdida cósmica. La vista del espectador se envuelve en la

streaked with complex ripples which take on a tactile consistency. The atmospheric veil slowly disintegrates to give birth to form.

As in the seascapes obsessively filmed by Lumière cameramen, the wake of the boat has an architectural function. Appearing out of the mist, it represents the emergence of a figure from the magma of the elements, while at the same time its movement within the field of vision gives the composition its basic structure. The movement of the canoe, the wake dividing the space into two longitudinal segments, transforms the textural mass of the image into surface, lending perspective to the depth of field. A combination of painting and topographical study, *September* uses the vocabulary of the sublime to create the original narrative of how an image is formed. But that is not all. The movement of the boat coincides with the lifting of the mist and, as light fills the picture, signs of human presence and human activity can be seen. The canoe and its two paddlers are loaded with mythical significance, evidence of which is found in every culture of the North American subcontinent. They mark the separation of water from land and light from darkness, so allegorizing the birth of the new day.[6]

Caspar David Friedrich
Winter Landscape (c.1811), oil on canvas
National Gallery, London © Christie's Images/
Bridgeman Art Library

EARLY MARCH

In *Algonquin Park, Early March*, the reverse zoom shot gradually transforms the neutral, abstract or empty surface that occupies the screen into a three-dimensional composition. The camera takes the viewer on what amounts to a journey back through the history of painting, from monochrome white on white to the decentred compositions of the Abstract Expressionists. As the field of vision widens, the black specks scattered around the edges of the frame turn into fir trees outlined against the spotless snowy background, producing the same hypnotic effect as a winter landscape by Caspar David Friedrich which finally dissolves into a scene of Flemish inspiration. At the top right-hand side of the shot there appears a diamond-shaped surface across which skaters glide in an explicit allusion to the background of Bruegel's *Hunters in the Snow* painted in 1565 (Kunsthistorisches Museum, Vienna). This skating scene, recalling what Max Dvorak calls the 'movement and vibrancy of a human anthill',[7] contrasts with the vast, flat snowy area that forms a non-compositional space in the foreground. While *September* suggests a visionary and dematerialized world reduced to the interplay of luminous surfaces on indistinct clusters of matter, *Early March* returns to a more concrete, more grounded reality, endowed with forms and contours, affirming, in a way that *September* does not, an ideal of prosaic sublimation. The composition is not anthropocentric. Human activity is placed off-centre and observed from the outside. Man is a fragment in time and space, in which he is immersed like a tree in the landscape. The skaters isolated on the frozen lake are immersed in the all-encompassing unity of the picture.

6 Claude Lévi-Strauss, *Mythologiques III: Origines de manières de table* (Paris: Plon, 1968), pp. 107-60.

7 Max Dvorak, Pierre *Bruegel l'ancien* (Paris: Saint-Pierre de Salerne, Gérard Monfort, 1992), p. 27.

Pieter Bruegel the Elder
Hunters in the Snow – February (1565)
Kunsthistorisches Museum, Vienna/
Bridgeman Art Library

6 Claude Lévi-Strauss, *Mythologiques III: Origines de manières de table* (Paris: Plon, 1968), pp. 107–60.

niebla distante y se queda sin puntos de referencias. La confusión atmosférica hace borrosos todos los contornos, cosa que imposibilita el enfoque y aniquila los puntos de referencia espacial. El panorama se disuelve en una atmósfera sin contornos. La escena parece como un fragmento de un mundo alienígena, un mero esbozo que enfatiza la materialidad de la imagen.

En el segundo cincuenta de la película, una canoa aparece en el lado derecho del encuadre. Mientras se mueve hacia la izquierda, las nubes se dispersan en la luz, los contrastes se acentúan y la profundidad espacial se restablece. La capa de nubes progresivamente pasa de la oscuridad a la luz, al tiempo que el espectro de colores se amplía. Imperceptiblemente, un pedazo de cielo azul delicadamente teñido de rosa aparece en la parte superior del cuadro, mientras debajo vemos la brillante superficie del lago listada por complejas ondas que toman una consistencia táctil. El velo atmosférico lentamente se desintegra para dar a luz a la forma.

Como en los paisajes marinos obsesivamente filmados por los cámaras de los Lumière, la estela del barco tiene una función arquitectónica. Saliendo de la niebla, representa la emergencia de una figura desde el 'magma' confuso de los elementos, al tiempo que su movimiento dentro del campo de visión da a la composición su estructura básica. El movimiento de la canoa, la estela dividiendo el espacio en dos segmentos longitudinales, transforma la masa de texturas de la imagen en superficie, dando perspectiva a la profundidad de campo. Una combinación de pintura y estudio topográfico, *September* usa el vocabulario de lo sublime para crear una narrativa original de cómo se forma una imagen. Pero esto no es todo. El movimiento de la barca coincide con el momento en que la niebla se levanta y, mientras la luz llena la imagen, se ven signos de presencia y actividad humana. La canoa y sus dos remeros están llenos de significación mítica, prueba de ello es que esta imagen se encuentra en todas las culturas del subcontinente norteamericano.[6] Marcan la separación del agua de la tierra y de la luz de las tinieblas, de tal manera que alegorizan el nacimiento de un nuevo día.

EARLY MARCH (*PRINCIPIOS DE MARZO*)

En *Algonquin Park, Early March*, el zoom invertido gradualmente transforma la superficie neutra, abstracta o vacía que ocupa la pantalla en una composición tridimensional. La cámara lleva al espectador a un viaje a través de la historia de la pintura, desde la monocromía y el blanco sobre blanco a las composiciones descentradas del Expresionismo Abstracto. A medida que el campo de visión se amplía, las motas negras esparcidas alrededor de las esquinas del cuadro se convierten en abetos perfilados contra el impecable fondo nevado, cosa que crea el mismo efecto hipnótico que un paisaje de invierno de Caspar

They are just a detail in the midst of the vast, motionless space dominated by the diagonal line of the landscape and encircled by the curtain of fir trees, the curve of which encloses the composition, serving the same function as the 'diaphragm arch' highlighted by Panofsky in relation to Flemish Renaissance painting. That function is 'to interpose between the actual frame of the picture and the scene depicted an arch through which the scene is viewed',[8] breaking up the perspective unity inherent in painting.

This cosmic vision glides through a subtle transition towards the creation of a world midway between abstract image and humanized landscape. The slow backward zoom creates all-enveloping, fluid spatial unity. While the sense of perspective becomes ever more clear it never succeeds in imposing itself as the internal structure of the image, which maintains to the last a feeling of instability and dislocation. The structure based on the view from above and the high horizon remains determinedly extrinsic to the scene. The landscape is broken up into a series of places only connected by external links along the diagonal perspective, leading to the frozen lake and the tiny human figures moving around on its surface.

While *September* accentuates darkness and light in the genetic definition of form, in *Early March* volumes are clearly represented as static realities bathed in ambient light. The mountain landscape reaches as far as the upper edge of the frame. The sky is bare. The vanishing point becomes a wall whose vertical line coincides with the picture plane. The latter does not mark the intersection of a visual pyramid but provides a setting against which the figures are placed. There is no fusion between motifs and background, nor are there any shadows. Light is an abstraction reducing the image to a system of signs and constructed lines. The black silhouettes of the trees and the tiny skaters contrast with the whiteness of the background. As differences are made more stark through the removal of intermediate values, the image seems to be reduced to a system of positive/negative contrasts.

In the two *Algonquin Park* films, which respond to each other point by point (lateral movement against movement in the distance; space depicted as atmosphere and colour as opposed to space represented geometrically and graphically; the aesthetic of the sublime against pictorial naturalism, etc.) Mark Lewis once more examines the question of the composition of a shot which, according to Eisenstein, was left abandoned by cinema theorists 'on the roadside on the way to montage'.[9] As he contemplates in *September* the encounter of the object with the edges of the frame and then in *Early March*, its encounter with the field of vision, he sets out the fundamental rules of framing which form, irrespective of the narrative, the basis of the cinematographic scene. In both *September* and *Early March*, the moment of objective reality is displaced. That moment does not precede the act of recording it. Rather it is deduced from that act. In *L'esthétique*,

8 Erwin Panofsky, *Early Netherlandish Painting*, I (Cambridge MA: Harvard University Press, 1958), pp. 58, 21.

9 Sergei Eisenstein, *Towards a Theory of Montage*, ed. Michael Glenny and Richard Taylor (London, BFI, 1991), p. 11.

7 Max Dvorak, *Pierre Bruegel l'ancien* (Paris: Saint-Pierre de Salerne, Gérard Monfort, 1992), p. 27.

8 Erwin Panofsky, *Early Netherlandish Painting, I* (Cambridge MA: Harvard University Press, 1958), pp. 58, 21.

David Friedrich, que finalmente se disuelve en una escena de inspiración flamenca. En la parte superior derecha del cuadro aparece una superficie en forma de rombo a través del cual unos patinadores se deslizan, en una alusión explícita al fondo de *Jagers In De Sneeuw* (*Cazadores en la nieve*), de Bruegel, pintada en 1565 (Kunsthistorisches Museum, Viena). Esta escena de patinaje, recordando lo que Max Dvorak llama el 'movimiento y la energía de un hormiguero humano',[7] contrasta con el área nevada, plana, vasta, que forma un espacio no composicional en el fondo. Mientras que *September* sugiere un mundo visionario y desmaterializado reducido a la interacción de superficies luminosas en cúmulos indistintos de materia, *Early March* vuelve a una realidad más concreta, más palpable, dotada de formas y contornos, que afirma, de una manera que *September* no hace, un ideal de sublimación prosaica. La composición no es antropocéntrica. La actividad humana está colocada en los márgenes y observada desde fuera. El hombre es un fragmento en el tiempo y en el espacio, en el cual está inmerso como un árbol en el paisaje. Los patinadores aislados en el lago helado están integrados en la unidad integral del cuadro. Son sólo un detalle en el medio del vasto, espacio inmóvil dominado por la linea diagonal del paisaje y rodeados por la cortina de abetos, cuya curva engloba la composición, ya que desarrolla la misma función que el 'arco diafragma' destacado por Panofsky en relación a la pintura flamenca renacentista. Esta función consiste en 'interponer entre el marco real de la pintura y la escena representada un arco a través del cual se ve la escena',[8] cosa que rompe la unidad de perspectiva inherente en pintura.

Esta visión cósmica se desliza a través de una sutil transición hacia la creación de un mundo a medio camino entre la imagen abstracta y el paisaje humanizado. El lento zoom invertido crea una unidad espacial fluida, que lo abarca todo. Aunque el sentido de la perspectiva se va volviendo más claro, nunca consigue imponerse como estructura interna de la imagen, que mantiene hasta el final una impresión de inestabilidad y dislocación. La estructura basada en el picado y la linea de horizonte alta queda determinadamente extrínseca a la escena. El paisaje se fragmenta en una serie de lugares sólo conectados por los vínculos externos junto con la perspectiva diagonal, que conducen al lago helado y a las diminutas figuras humanas que se mueven de un lado a otro en su superficie.

Mientras que *September* acentúa la oscuridad y la luz en la definición genética de forma, en *Early March* los volúmenes son claramente representados como realidades estáticas bañadas en luz ambiental. El paisaje de montaña alcanza hasta arriba del cuadro. El cielo está vacío. Un muro cuya linea vertical coincide con el plano pictórico se convierte en el punto de fuga. El plano pictórico no marca la intersección de una pirámide visual, sino que proporciona un entorno en el cual se colocan las figuras. No hay fusión entre motivos y fondo, tampoco hay ninguna sombra. La luz es una abstracción que reduce la imagen a un sistema de signos y lineas construídas. Las siluetas negras de los árboles y los diminutos

Theodor Adorno writes 'Only truly innovative artists are capable of turning to the past.' By reversing the direction of the filmic process, Mark Lewis transforms the documentary dimension of film into a painterly endeavour, literally reinventing painting using the currency of cinema.

patinadores contrastan con la blancura del fondo. A medida que las diferencias se hacen más marcadas a través de la eliminación de los valores intermedios, la imagen parece reducirse a un sistema de contrastes positivo/negativo.

En las dos películas de *Aldonquin Park*, que se responden mutuamente punto por punto (movimiento lateral contra movimiento en la distancia; espacio representado como atmósfera y color opuesto a espacio representado geométrica y gráficamente; la estética de lo sublime contra el naturalismo pictórico, etc.) Mark Lewis una vez más examina la cuestión de la composición del encuadre que, según Eisenstein, fue abandonado por los teóricos del cine 'en la cuneta de camino al montaje'.[9] En *September*, en el proceso de contemplación del encuentro del objeto con los bordes del cuadro y, después, en *Early March*, su encuentro con el campo de visión, Lewis establece las reglas fundamentales de encuadre que forman, independientemente de la narrativa, la base de la escena cinematográfica. Tanto en *September* como en *Early March*, el momento de la realidad objetiva queda desplazado. Ese momento no precede al acto de grabarlo. Más bien se deduce de éste. En *L'esthétique*, Theodor Adorno escribe 'Sólo artistas verdaderamente innovadores son capaces de mirar al pasado'. Al invertir la dirección del proceso fílmico, Mark Lewis transforma la dimensión documental de la película en un esfuerzo pictórico, literalmente reinventando la pintura a través de la actualidad del cine.

9 Sergei Eisenstein, *Towards a Theory of Montage*, ed. Michael Glenny y Richard Taylor (Londres, BFI, 1991), p. 11.

ABOVE: location photographs OPPOSITE: film still
BELOW: installation view, Tate Liverpool, 2002

Algonquin Park, September (2001)
Super 35mm transferred to DVD
Courtesy and collection of Jean Michel Attal, Paris

ABOVE: location photographs   OPPOSITE: film still
BELOW: installation view, Kunsthalle Bern

Algonquin Park, Early March (2002)
Super 35mm transferred to DVD
Courtesy and collection of The Art Gallery of Ontario, Toronto

72

Within a Single Shot: Continuities and Discontinuities of Time and Space

Laura Mulvey

In the late 1990s, Mark Lewis began to organize his films around the length of a single, four-minute, 35mm reel. With some exceptions, he has continued to work within these limits, which are only now, in his most recent pieces (late 2005–2006), beginning to stretch into new patterns and configurations. There is an immediate and obvious reason for taking the length of a reel as a point of departure: film contained within the four minutes is an integrated 'slice' of uninterrupted time and space. A longer piece would involve edits, necessarily fragmenting these unities. Although this template fits with the aesthetic concerns that Lewis has pursued, in varying configurations, since the late 1990s, it may also be no accident that he began to use it in the aftermath of the centenary of cinema. The centenary necessarily turned cinephile attention back to cinema's beginnings, most particularly to the first exhibition of the Lumière brothers' experiments in the Grand Café, Paris, in 1895. Lewis has written about his admiration for these films, contained, as they were, within the one-minute length that, at the time, corresponded to a reel of 35mm film.[1] This integrity pre-dates the moment when film was transformed by the cut, learning henceforth to adapt itself through editing to the needs of storytelling that would shape so much of its future. There is a way in which Lewis's thinking is in tune with Dai Vaughan's lament for the Lumières' films:

It [*A Boat Leaving the Harbour*] survives as a reminder of that moment when the question of spontaneity was posed and not yet found to be insoluble: when the cinema seemed free, not only of its proper connotations, but of the threat of its absorption into meanings beyond it. Here is the secret of its beauty. The promise of this film remains untarnished because it is a promise that can never be kept – a promise whose every fulfilment is also its betrayal.[2]

Although Lewis shoots on 35mm film, his work is dependent, like that of most other artists working with the moving image today, on digital technology for its exhibition in galleries. This fusion allows work that is conceived within a cinematic consideration (the length of the reel) to be shown, and engaged with, in circumstances very far from the darkened theatres in which film has been viewed across its whole history. Paradoxically, perhaps, the move into the gallery, enabled by the most modern of technologies, places these installation works back into the long tradition of gallery art, linking them closely to

1 Mark Lewis, 'Afterword', *Afterall 8* (2003).

2 Dai Vaughan, 'Let there be Lumiere', in *On Documentary* (Berkeley, Los Angeles, London: University of California Press, 1999), p. 8.

En una toma única: continuidades y discontinuidades del tiempo y el espacio

Laura Mulvey

Al final de los años 90, Mark Lewis empezó a organizar sus películas alrededor de la longitud de una sola bobina de 35mm, de cuatro minutos de duración. Con algunas excepciones, ha continuado trabajando dentro de estos límites, que solamente ahora, en sus más recientes piezas (finales de 2005-2006), están empezando a aparecer nuevos patrones y configuraciones, de un formato más extendido. Hay una inmediata y obvia razón para tomar la longitud de una bobina como punto de partida: el filme de cuatro minutos de duración es un 'fragmento' integrado de tiempo y espacio ininterrumpido. Una pieza más larga implicaría ediciones, que necesariamente fragmentarían estas unidades. Aunque esta plantilla acomoda las preocupaciones estéticas que Lewis ha trabajado, en varios formatos, desde finales de los años 90, creo que no es casualidad que empezara a utilizarla a partir del centenario del cine. Éste necesariamente atrajo la atención de los cinéfilos hacia los inicios del cine, más concretamente hacia la primera proyección de los experimentos de los hermanos Lumière en el Grand Café, París, en 1985. Lewis ha escrito acerca de su admiración por estos filmes, contenidos, por así decirlo, en el espacio de un minuto, que, por entonces, correspondía a una bobina de película de 35 mm.[1] Esta integridad precede el momento en que el corte transformó el cine, que se adaptó, a partir de entonces, a través del montaje, a las necesidades de la narración, que han marcado gran parte de su futuro. El pensamiento de Lewis, por tanto, está de alguna manera en consonancia con la posición nostálgica de Dai Vaughan al respecto de las películas de los Lumière:

1 Mark Lewis, 'Afterword', *Afterall* 8 (2003).

Ésta [*Un barco que se aleja del puerto*] sobrevive como recordatorio de ese momento en que se planteó la cuestión de la espontaneidad y todavía no se consideraba insoluble: cuando el cine parecía libre, no sólo de sus connotaciones propias, sino de la amenaza de su absorción dentro de significados más allá de sí mismo. Aquí está el secreto de su belleza. La promesa de esta película queda intacta puesto que es una promesa que no puede ser cumplida– una promesa cuyo cumplimiento es también su traición.[2]

2 Dai Vaughan, 'Let there be Lumiere', en *On Documentary* (Berkeley, Los Angeles, Londres: University of California Press, 1999), p. 8.

Aunque Lewis filma en película de 35mm, su trabajo es dependiente, como el de la mayoría de artistas que trabajan con la imagen en movimiento hoy en día, de la tecnología digital para su exhibición en galerías. Esta fusión permite que una obra que se concibe dentro de una consideración cinematográfica (la longitud de la bobina) pueda ser exhibida, y recibida, en circunstancias muy diferentes a las de las salas oscuras en las que se han visto

painting (shown hanging on walls) as well as to photography. From this perspective, the four-minute, looped installation pieces address questions of both the spectator's limited concentration and the need for repeated re-viewing, the need, that is, to reflect as well as to watch.

Given that the four minutes create a given temporal 'canvas', as it were, Lewis sometimes may begin and end a piece comparatively arbitrarily, or the framework may be filled with a pattern that moves through a spatial structure completed in synchrony with the end of the reel. In *The Pitch* (1998), the first of the four-minute pieces, elements of both these aesthetic strategies may be found, both recurring in later works, and suggesting two broad lines of development: one to do with cinematic form, the other to do with the cinematic relation to the everyday. In *The Pitch*, a zoom (using the 20-250 Angenieux HR zoom lens), moving from minimum to maximum focal length, is timed so that the temporal limit is matched exactly by the spatial limit of the camera's lens. This involves a slow process of revelation as the shot begins its journey in close-up (on Lewis himself as he delivers 'the pitch') widening to reveal the expanse of a railway station's concourse. Lewis's pitch is a passionate plea on behalf of extras ('let's face it, extras are the proletariat of the movie business') and as he describes their different functions, the people on the concourse, as they come and go, gradually take on the role of 'extras'. The scene, the passers-by, their actions, all acquire meaning and wit just as the space itself is transformed by movement of the lens.

The people absorbed into the 'extra' role perform an uncontrolled and quite unconscious choreography in *The Pitch*, giving the frame an internal movement that ebbs and flows as groups or lone figures walk past, stop and move away, exiting the frame. This film pre-figures several later works that also harness the movement of everyday life into choreography as the camera translates people's meandering movements into the mobile element of framed cinematic space. The process of translation varies but the conceptual dialectic persists. *Off-leash* (2004) is shot from a high angle, similar to that of *The Pitch*, so that the camera looks down on a space with no depth or distance but with a porous boundary between the space on and off screen. In this case, the choreography is created by a large number of dogs, running around their allotted play-space in a Toronto park, followed by desultory minders, creating a pattern that, once again, ebbs and flows simply by chance groupings and dispersals. People and dogs move easily in and out of frame. Although the camera adjusts slightly (the crane moves to the right as the camera pans to the left), the four-minute reel has no corresponding cinematic structure and the scene could be a simple slice of time, with no given beginning or end. However, just before the film runs out, the solitary figure of a man detaches itself from the scene and walks slowly away with his dog towards the edge of the frame and the end of the film. The figure changes the energy of the scene with his slow, solitary walk: while the dogs' perpetual movement had whirled around

The Pitch (1998)
Super 35mm transferred to DVD

76

las películas a lo largo de toda la historia del cine. Paradójicamente, quizás, el movimiento hacia la galería, permitido por las más modernas tecnologías, devuelve estas instalaciones a la larga tradición de arte galerístico, vinculándolas fuertemente con la pintura (expuesta colgada en la pared) así como a la fotografía. Desde esta perspectiva, las instalaciones en bucle de cuatro minutos examinan las cuestiones tanto de la concentración limitada del espectador como de la necesidad de la visión repetida, la necesidad, esto es, de reflexionar además de ver.

Dado que los cuatro minutos crean un 'marco' temporal concreto, por así decirlo, Lewis a veces empieza y termina una pieza de manera comparativamente arbitraria, o el encuadre se llena con un patrón que se mueve a través de la estructura espacial, que se completa en sintonía con el final de la bobina. En *The Pitch* (*El discurso*) (1988), la primera de las piezas de cuatro minutos, se encuentran elementos de estas dos estrategias estéticas, recurrentes en obras posteriores, y que sugieren dos líneas de desarrollo generales: una que tiene que ver con la forma cinematográfica, la otra con la relación cinematográfica con lo cotidiano. En *The Pitch*, se calcula el tiempo de un zoom (que utiliza la lente de zoom 20-250 Angenieux HR), que va de la longitud focal mínima a la máxima, de tal manera que el límite temporal encaje exactamente con el límite espacial de la lente de la cámara. Esto conlleva un lento proceso de revelación ya que la toma empieza su camino en un primer plano (del mismo Lewis mientras pronuncia 'el discurso'), ampliándose para revelar el espacio del vestíbulo de una estación de ferrocarril. El discurso de Lewis es un alegato en nombre de los extras ('Seamos realistas, los extras son el proletariado de la industria del cine') y mientras describe sus diferentes funciones, la gente en la estación, yendo y viniendo, gradualmente toma el papel de 'extras'. La escena, los transeúntes, sus acciones, todo adquiere sentido y donaire así como el espacio mismo se transforma a través del movimiento de la lente.

La gente, absorbida en el papel de 'extra', ejecuta en *The Pitch* una coreografía sin control y bastante inconsciente, cosa que da al encuadre un movimiento interno en flujo y reflujo, provocado por los grupos o figuras solitarias que pasan, se paran y se van, saliendo de cuadro. Esta película prefigura varias obras posteriores que también aprovechan el movimiento de la vida cotidiana para crear una coreografía, ya que la cámara traduce el movimiento serpenteante de la gente en el elemento móvil de un espacio cinematográfico encuadrado. El proceso de traducción varía, pero la dialéctica conceptual persiste. *Off-leash* (*Sin correa*) (2004) se rueda en un picado, similar al de *The Pitch*, de tal manera que la cámara mira de arriba a abajo el espacio sin profundidad o distancia pero con una frontera porosa entre el espacio de la pantalla y el de fuera de ella. En este caso, la coreografía se crea a través de un gran número de perros, que corretean por el espacio de juego asignado en un parque de Toronto, seguidos por sus poco metódicos amos, creando un patrón que, una vez más, fluye y refluye simplemente gracias a agrupamientos y dispersiones fortuitas. La gente y los

and in and out of the centre of the screen, the shot's conclusion creates a counterpoint, juxtaposing the finality of ending to continuum.

Two recent pieces, *Gladwell's Picture Window* (2005) and *Rush Hour, Morning and Evening, Cheapside* (2005) use street scenes to create a flow of movement, synchronizing the camera with the succession of passers-by. In *Gladwell's Picture Window* the camera stays on a corner following with slight pans the window's reflections of people and traffic, while in *Rush Hour* the upside-down camera follows the shadows of people in the City as they leave work. In contrast to the wide, high angles of *Off-leash* and *The Pitch*, in both these pieces the camera is comparatively close to its 'extras'. The passers-by cross the screen, and criss-cross each other, almost in file, giving a sense of the linearity of film, the sequentiality of the film strip as it passes through the camera or projector, and the continuousness of this slice of passing time. Based, as it is, on a series of identical frames, the film strip reaches towards the infinity of endless repetition, always limited by the amount of film the camera holds. As no particular action creates a distraction, as the events fail to build to a climax, as no hierarchy is imposed, cinematic time simply unfolds with the perpetual transformation of 'now' into 'then' as the figures file past the camera, disappearing off screen. Needless to say, a cut or the imposition of editing would create a different temporality, breaking the integrity of the single 'slice' of time.

Christa Bluminger has noted that 'the cinematographers of the Lumière brothers were fond of capturing all kinds of things passing by their mobile cameras'. Commenting on the duplication of the film's movement with that of the people, she says:

In French *défiler* not only means 'to file' in the sense of to march past but also... any passing by, including that of images. Alongside the parade, the *défilé*, the term defilement is also derived from the idea of filing past, initially a technical term which, in the language of cinema, refers to the passage of celluloid film through a projector, a succession of images.[3]

These films also capture the transitory, 'passing' nature of city life, the anonymity of people in the street and the rhythm of the crowd that interested the observers of early modernity. Insignificant, transitory scenes are, as it were, extracted from reality, not only to pay homage to a collective rhythm of everyday life but also to draw attention to the small details of gesture, gait or dress that identify individuality within anonymity.

As well as pre-figuring the use of 'extras', the single continuous zoom used in *The Pitch* prefigures Lewis's later pieces, which are structured around a pre-determined pattern with beginning, middle and end. The use of the zoom is, perhaps, key to this strategy as it always indicates a trajectory from the widest to the narrowest focal length or vice versa. However, in *North Circular* (2000), the first of Lewis's films of this kind, a dolly is used to

3 Christa Bluminger, 'Procession and Projection: Notes on a Figure in the Work of Jean-Luc Godard', in M. Temple, J. Williams and M.Witt Black (eds), *Forever Godard* (London: Black Dog Publishing, 2004).

perros entran y salen de cuadro con facilidad. Aunque la cámara se ajusta levemente (la grúa se mueve a la derecha mientras la cámara hace una panorámica hacia la izquierda), la bobina de cuatro minutos no tiene una estructura cinematográfica que se le corresponda y la escena podría ser un simple fragmento de tiempo, sin principio ni final dados. No obstante, justo antes de que el filme termine, la figura solitaria de un hombre se separa de la escena y camina lentamente hacia el borde del encuadre y el final de la película. La figura cambia la energía de la escena con su paso lento, solitario: mientras que el perpetuo movimiento de los perros giraba alrededor, dentro y fuera del centro de la pantalla, la conclusión del plano crea un contrapunto, yuxtaponiendo la finalidad del desenlace al continuo.

Dos piezas recientes, *Gladwell's Picture Window* (*El ventanal de Gladwell*) (2005) y *Rush Hour, Morning and Evening, Cheapside* (*Hora punta, mañana y tarde, Cheapside*) (2005), usan escenas urbanas para crear un flujo de movimiento, sincronizando la cámara con la sucesión de transeúntes. En *Gladwell's Picture Window*, la cámara permanece en un rincón, siguiendo con leves panorámicas los reflejos de gente y tráfico en la ventana, mientras que en *Rush Hour* la cámara situada al revés sigue las sombras de gente en la ciudad mientras se van del trabajo. En contraste con los planos panorámicos y picados de *Off-leash* y *The Pitch*, en ambas piezas la cámara se encuentra comparativamente cercana a sus 'extras'. Los transeúntes atraviesan la pantalla, y se entrecruzan, casi en fila, dando una sensación de linealidad al filme, la secuencialidad de la cinta cuando pasa a través de la cámara o proyector, y la continuidad de este fragmento del paso del tiempo. Basado, como está, en una serie de fotogramas idénticos, la cinta intenta conseguir la eternidad de la repetición infinita, siempre limitada por la cantidad de película que la cámara contiene. Como no hay ninguna acción particular que distraiga, como los acontecimientos no consiguen construir un clímax, como no se impone ninguna jerarquía, el tiempo cinematográfico simplemente se desvela con la perpetua transformación del 'ahora' en 'entonces' mientras las figuras, en fila, pasan frente a la cámara, desapareciendo de la pantalla. No hace falta decir que un corte o la imposición del mundo del montaje crean una temporalidad diferente, rompiendo la integridad de un único 'fragmento' de tiempo.

Christa Bluminger ha notado que 'a los directores de fotografía de los hermanos Lumière les gustaba capturar todo tipo de cosas que pasaban frente a sus cámaras móviles'. Cuando comenta sobre la duplicación del movimiento del filme y el de la gente, ella dice:

En Francés *défiler* no sólo significa 'desfilar' en el sentido de marchar frente a algo sino también… cualquier paso, incluso el de las imágenes. Junto con el desfile, el *défilé*, el término *defilement* se deriva también de la idea de pasar por delante, inicialmente un término técnico que, en el lenguaje del cine, se refiere al paso de la película de celuloide frente a un proyector, una sucesión de imágenes.[3]

3 Christa Bluminger, 'Procession and Projection: Notes on a Figure in the Work of Jean-Luc Godard', en M. Temple, J. Williams y M. Witt Black (eds), *Forever Godard* (Londres: Black Dog Publishing, 2004).

move the camera into the centre of the composition (slightly extended by a zoom). The shape of the shot, unlike the casual 'unfolding' that characterized the 'extra' films, is centred, excluding off screen space. These shots' temporal development is defined by both the place itself and the mutation of cinematic space: from a wide, still shot the camera tracks forward, taken further by a zoom into a final close-up. These three phases correspond to changing modes of engagement between spectator and film.

The stillness at the beginning of *North Circular* is held for a considerable time, allowing the spectator time to reflect on the image of an abandoned, disintegrating building. Shot at dusk, the sky is still lit up with the remains of sunset but the street lamps are already on. This careful and elegant composition places the building in between day and night, suggesting the past of its former glory and its future demolition and disappearance. This first phase of the film establishes a poetics of the place itself, resonant of the uncanny that emanates from deserted buildings or ruins. But more particularly, the building inscribes time into the image, a contrast between the 'then' of its past and the 'now' of the present from which it will soon physically disappear. Just as these reflections are exhausted, the camera tracks forward until the front of the building fills the screen, its square sections, abstract and even like a chessboard, completely reconfiguring the earlier composition. This is the second phase of the shot, a transition from contemplation to revelation: as the track comes close to the building, boys can be seen playing around in the ruin, so that it comes, as it were, back to life as a secret, illicit play place. After the track reaches its limit, the camera zooms into one of the broken windows, transforming the space and the significance of the shot once again. The final point of the zoom initiates the third phase: in close-up, a boy's hand sets a top spinning. The shot ends when the top loses its momentum and falls still so that its transition from stasis to movement to stasis again reflects the pattern of *North Circular* as a whole. But in this last phase, the top also conjures up aesthetic questions that address the history of art, moving beyond the building, its resonances, the boys' appropriation of the place, leaving the earlier section of the shot behind in, as it were, a parallel world.

The presence of the top invokes Lewis's interest in Jean-Baptiste Chardin's painting *Child with a Teetotum (Portrait of the Son of M. Godefroy, Jeweller)*. In Lewis's essay (sub-titled 'Thoughts on a spinning top') he discusses the painting's depiction of time. The spin of the top implies a 'slice' of time but one with a defined duration, enfolded between a beginning and an end. As the painting can only depict this temporality in stasis, Lewis suggests that it has to engage with the viewer's ability to inscribe duration into the painting, to imagine the action shown necessarily in stillness. This process itself takes time. As the little boy who has set the top in motion is absorbed in watching it, Lewis speculates:

North Circular (2000)
Super 35mm transferred to DVD

Estas películas también capturan el carácter transitorio, 'pasajero' de la vida urbana, el anonimato de la gente en la calle y el ritmo de la muchedumbre que interesó a los observadores de la primera modernidad. Son escenas insignificantes, transitorias, extraídas de la realidad, por así decirlo, no sólo para homenajear el ritmo colectivo de la vida cotidiana, sino también para llamar la atención sobre los pequeños detalles del gesto, manera de andar o vestido que identifica la individualidad dentro del anonimato.

Además de prefigurar el uso de 'extras', el zoom continuo y único usado en *The Pitch* anuncia piezas posteriores de Lewis, que están estructuradas alrededor de un patrón predeterminado con principio, mitad y final. El uso del zoom es, tal vez, clave para esta estrategia ya que siempre indica una trayectoria que va desde la longitud focal más amplia a la más estrecha. No obstante, en *North Circular* (*Circular norte*) (2000), el primer filme de Lewis de este tipo, usa una muñeca para mover la cámara hacia el centro de la composición (ligeramente extendida por un zoom). La forma del plano, a diferencia de la 'revelación' casual que caracterizaba a las películas 'extra', es centrado, y excluye el espacio de fuera del encuadre. El desarrollo temporal de estos planos se define por el sitio mismo y por la mutación del espacio cinematográfico: desde un plano panorámico estático, la cámara hace un travelling de aproximación, magnificado por un zoom que termina en el primer plano final. Estas tres fases se corresponden con los modos cambiantes de relación entre espectador y película.

La inmovilidad al principio de *North Circular* se mantiene durante un considerable espacio temporal, cosa que da tiempo al espectador para reflexionar sobre la imagen de un edificio abandonado, en proceso de desintegración. Rodado al atardecer, el cielo todavía está iluminado por los restos del crepúsculo, aunque las farolas ya están encendidas. Esta cuidadosa y elegante composición coloca al edificio entre el día y la noche, sugiriendo la evanescencia de su antigua gloria y su futura demolición y desaparición. La primera fase de la película establece una poética del lugar mismo, que evoca el misterio que emanan los edificios abandonados o las ruinas. Para ser más precisos, el edificio inscribe el tiempo en la imagen, un contraste entre el 'entonces' de su pasado y el 'ahora' del presente de donde pronto desaparecerá físicamente. Justo cuando estas reflexiones se agotan, la cámara hace un travelling de aproximación hasta que la parte delantera del edificio llena la pantalla, sus secciones cuadradas, abstractas e incluso como un tablero de ajedrez, completamente reconfiguran la composición anterior. Esta es la segunda fase de la toma, una transición desde la contemplación a la revelación: mientras el travelling se va acercando al edificio, se pueden ver unos niños jugando en las ruinas, de tal manera que vuelve a la vida, por así decirlo, como un sitio de juegos, ilícito, secreto. Después de que el travelling alcance su límite, la cámara hace un zoom hacia dentro de las ventanas rotas, transformando el espacio y el significado de la toma una vez más. El punto final del zoom inicia la tercera fase: un plano-detalle, la mano de un niño que hace bailar una peonza. La toma termina cuando la peonza

the duration of the spinning top, that is to say, the time it can last on its tip, is about a minute, maybe a minute and a half at most… about as long as one might look at the painting in one session. The spinning top and the depiction of absorption might be understood as a calculation of the viewer's absorption in the painting itself.[4]

4 Mark Lewis, 'Afterword: Art and Theatre', *Afterall* 2 (2000).

This, of course, also raises the question of how the installation pieces depict time, whether dramatically structured time, as in *North Circular*, or its unfolding within the movements of the everyday, as in the 'extra' pieces. But the citation of the Chardin painting also relates to Lewis's interest in the way that artists used movement to inscribe the presence of time into the canvas before photography's instantaneity, or film's extended duration, transformed aesthetic possibility. Out of these kinds of issues, *North Circular* returns as a whole, raising the question of its own place within the passing of time and the history of art.

Shot in 2000, the film begins with an image of ruined modernity. If the building belonged to the mid-twentieth century's social, economic complex of motor cars, light industry and modernist architecture, through metonymy, and in the context of the piece, it also stands for the aesthetic aspirations of twentieth-century modernity. The building's decay is a poignant reminder that those aspirations are now no longer located in a recent, reachable past, but in an ever-receding history. In an article also written in 2000, Lewis has suggested that the new century has to respond to the legacy of modernity, its contradictory aspirations, the lessons of its failures. Citing Clement Greenberg he says: 'We must finally acknowledge that the idea of an avant-garde is a historical one, and also that it is our tradition, perhaps our only one…'[5] With the 'flattening' of the last century into history, with the shrinking of its towering influence, the tradition of modernity, with its uncertain relation to the future, can now point backwards instead of simply forwards. This, possibly anachronistic, look into the past can discover unexpected continuities and interconnections so that, in the pre-photographic history of painting, aspirations to depict time, change and movement can be found. For this viewer, at least, *North Circular* has an allegorical aspect: the drive of the camera moves through the modern, using the fusion of time and movement specific to film, to pay homage to a small eighteenth-century genre painting.

5 Lewis, 'Afterword: Art and Theatre', p. 115.

In *Algonquin Park, Early March* (2002) Lewis once again structures the film in three parts using the zoom. Here, rather than the move into close-up that characterizes *North Circular*, the structure is reversed (reduplicating the pattern of *The Pitch* and using the same lens): the zoom starts at its tightest point, then moves out to its fullest extent. Although this is a landscape film, and the camera's high angle flattens perspective, the frame's changing configuration keeps the image centred, so that the drama is kept within this on-screen space. The image begins with a close-up of a frozen lake. The pure white of the surface is illegible at first, suggesting, anachronistically, in the age of moving image installation, the whiteness

Jean-Baptiste Simeon Chardin
Child with a Teetotum (1738), oil on canvas
Louvre, Paris, France, Lauros/Giraudon/
Bridgeman Art Library

4 Mark Lewis, 'Afterword: Art and Theatre', *Afterall 2* (2000).

pierde impulso y se cae, parada, de manera que su transición del reposo al movimiento y de nuevo al reposo refleja el patrón de *North Circular* como conjunto. No obstante, en esta última frase, la peonza también conjura cuestiones estéticas que se refieren a la historia del arte, más allá del edificio, sus evocaciones, la apropiación del lugar por parte de los niños, que deja atrás la primera sección de la toma en, por así decirlo, un mundo paralelo.

La presencia de la peonza invoca el interés de Lewis por la pintura de Jean-Baptiste Chardin *L'enfant au toton* (*El niño de la perinola*). En el ensayo 'Afterword: Art and Theatre' ('Postfacio: Arte y teatro'), subtitulado 'Pensamientos sobre una peonza que gira', Lewis trata sobre la descripción del tiempo de la pintura. El giro de la peonza implica un 'fragmento' de tiempo, más concretamente de duración definida, con un principio y un final. Como que la pintura sólo puede representar la temporalidad en estado estático, Lewis sugiere que tiene que conectar con la capacidad del espectador de inscribir duración en la pintura, de imaginar la acción mostrada necesariamente inmóvil. El proceso mismo necesita tiempo. Como el niño pequeño que ha puesto la peonza en movimiento queda absorto mirándola, Lewis especula que

la duración de la peonza girando, esto es, el tiempo que puede permanecer sobre la punta, es alrededor de un minuto, quizás un minuto y medio como máximo... el mismo tiempo que el espectador puede mirar el cuadro en una sesión. Se puede entender la peonza y la representación de la absorción como un cálculo de la absorción del cuadro mismo por parte del espectador.[4]

Esto, por supuesto, también presenta la cuestión de cómo las piezas de una instalación representan el tiempo, o bien como tiempo dramáticamente estructurado, como en *North Circular*, o su desarrollo en los movimientos de lo cotidiano, como en las piezas 'extra'. No obstante, la cita a la pintura de Chardin también se relaciona con el interés de Lewis en la manera en que los artistas han usado el movimiento para inscribir la presencia del tiempo en el lienzo antes que la instantaneidad de la fotografía, o la duración extendida del cine, transformaran la posibilidad estética. A partir de esta temática, *North Circular* se erige como un todo, que presenta la cuestión de su propio lugar en el paso del tiempo y la historia del arte.

Rodado en 2000, el film empieza con una imagen de modernidad arruinada. Si el edificio perteneció al complejo social y económico de mediados del siglo XX, que comprende, entre otros, automóviles, la industria ligera y la arquitectura modernista, a través de la metonimia, y en el contexto de la pieza, también es cierto que representa las aspiraciones estéticas de la modernidad del siglo veinte. El deterioro del edificio es un conmovedor recuerdo que esas aspiraciones ahora ya no están situadas en un pasado reciente, alcanzable, sino en una historia que se aleja permanentemente. En un artículo también escrito en el año

of a projection screen. Only as a few tips of trees emerge at the bottom of the image is it possible to establish the contour of the lake and then, gradually, the film's reference to the sublime in nineteenth-century landscape paintings. This is a Canadian landscape, typical of the kind that came to represent the 'new world' as outside history and the human. The initial whiteness, with its connotation of purity, also suggests an untouched canvas or empty page waiting to be written. Just before the zoom reaches its maximum width, a sudden movement intrudes into the far right-hand corner of the frame, which then gradually reveals children playing ice hockey on a little home made ice-rink smoothed out at the edge of the lake. The square space, with its small figures darting to and fro, is only the size of a postage stamp at the widest point of the zoom.

Lewis has written about the Canadian winter:

There is an unquestionable thrill to the look of winter. Beautiful barren landscapes covered with snow and ice, stark colours becoming signs of life that jump out of an empty white ground. A strange staccato floods an image of winter, raising everything to the surface of the image as if they were irregularities on the surface of the world. To me, a painted winter scene from the 15th or early 16th Century can sometimes seem to contain early signs of the cinematic movement to come, so full of life can it be with the suggestion of unusual and unexpected movement and activities. Winter weather accomplishes magical transformations and suggests a vastly expanded realm of possibilities.[6]

6   Mark Lewis, 'People on a Sunday, Octopus on a Tuesday', *Afterall* 11 (2005), p. 123.

The children playing on the distant ice-rink, in the final phase of the film, puncture the contemplation of the landscape just as the pure abstraction of the film's first phase is punctured by the appearance of the actual topography of the scene. The pleasure of play disrupts the pleasure of the sublime and the 'unexpected movement' disrupts contemplation. The ice-rink only stays on the screen for a moment before the piece ends, almost like a flash into the kind of childhood memory that Lewis describes later in his thoughts on the Canadian winter. *Algonquin Park, Early March* suggests that memory and the sublime cannot co-exist. The inscription of the childhood scene onto the empty, snow-covered landscape generates a chain of memories that insist on the landscape's history and that its humanity reaches far beyond the fantasy of European Romantic imagination.

In these 'tripartite' films, the structure is designed to reveal space filled, in the first instance, by the resonance of the location, specific, selected places that then mutate as the camera transforms place back into cinematic space and its duration in time. Reflection is replaced by the pleasure of camera movement, which is replaced by the revelation of a detail that demands thought. But the structure also works to create different planes that organize the space across these sections and prefigure Lewis's later work. *Queensway: Pan and Zoom* (2005) is a transitional work, with the tripartite structure written into the title itself. Shot in a

5 Lewis, 'Afterword: Art and Theatre', p. 115.

2000, Lewis sugirió que el nuevo siglo tiene que responder a la herencia de la modernidad, sus aspiraciones contradictorias, las lecciones de sus fracasos. Citando a Clement Greenberg, dice: 'Debemos finalmente admitir que la idea de una vanguardia es histórica, y también que es nuestra tradición, tal vez la única...'[5] Con la 'reducción' del último siglo en historia, la disminución de su elevadísima influencia, la tradición de la modernidad, con su incierta relación con el futuro, puede apuntar hacia atrás en vez de simplemente hacia delante. Esta mirada, posiblemente anacrónica, hacia el pasado puede descubrir inesperadas continuidades e interconexiones de tal manera que se pueden encontrar en la historia de la pintura pre-fotográfica aspiraciones de representar tiempo, cambio y movimiento. Para este espectador, como mínimo, *North Circular* tiene un aspecto alegórico: el impulso de la cámara se mueve a través de lo moderno, usando la fusión de tiempo y movimiento específica del cine, para homenajear a una pequeña pintura de género del siglo XVIII.

En *Algonquin Park, Early March* (*Parque Algonquin, principios de marzo*) (2002), Lewis una vez más estructura el filme en tres partes usando el zoom. Aquí, en contraposición con el movimiento hacia el plano detalle que caracteriza *North Circular*, la estructura se invierte (reduplicando el patrón de *The Pitch* y usando la misma lente); el zoom empieza en su punto más estrecho, para después revelar todo el cuadro. Aunque es un filme de paisaje, y el picado de la cámara allana la perspectiva, la configuración cambiante del encuadre mantiene la imagen centrada, de tal manera que el drama se mantiene dentro de cuadro. La imagen empieza con un primer plano del lago helado. El blanco puro de la superficie es incomprensible al principio, cosa que sugiere, de manera anacrónica, en esta época de instalaciones cinematográficas, la blancura de una pantalla de proyección. Sólo cuando la parte superior de algunos árboles emergen desde la parte inferior de la pantalla es posible establecer el contorno del lago y entonces, gradualmente, la referencia de la película a lo sublime en la pintura de paisaje del siglo XIX. Es un paisaje canadiense, típico de la clase de obras que representó el 'nuevo mundo' como si estuviera fuera de la historia y de lo humano. La blancura inicial, con su connotación de pureza, también sugiere un lienzo inmaculado o una página vacía a punto de ser escrita. Justo antes de que el zoom llegue a su máxima amplitud, un repentino movimiento se entromete en la parte más a la derecha del cuadro, que gradualmente se revela como unos niños jugando al hockey-hielo en una pequeña pista de patinaje de fabricación casera en la orilla del lago. El espacio cuadrado, con sus pequeñas figuras patinando rápidamente de un lado a otro, es del tamaño de un sello en el punto más amplio del zoom.

Lewis ha escrito sobre el invierno canadiense que;

Hay algo incuestionablemente conmovedor en el aspecto del invierno. Bellos paisajes yermos cubiertos de nieve y hielo, rígidos colores que se transforman en signos de vida que se destacan sobre un fondo

Centrale (1999)
Super 35mm transferred to DVD

completamente blanco. Un extraño staccatto inunda una imagen de invierno, elevándolo todo a la superficie de la imagen como si fueran irregularidades en la superficie del mundo. Para mí, una pintura de una escena de invierno del siglo XV o principios del XVI puede a veces parecer que contiene indicios tempranos del venidero movimiento cinematográfico, de tan llena de vida que puede estar con la insinuación de actividades y movimientos inusuales e inesperados. El clima de invierno realiza transformaciones mágicas y sugiere todo un mundo de posibilidades vastamente extenso.[6]

6   Mark Lewis, 'People on a Sunday, Octopus on a Tuesday', *Afterall* 11 (2005), p. 123.

Los niños que juegan en una pista de patinaje distante, en la fase final del filme perforan, como si fuera un globo, la contemplación de un paisaje igual que la abstracción de la primera fase se rompe por la aparición de la topografía real de la escena. El placer del juego desbarata el placer de lo sublime y el 'movimiento inesperado' interrumpe la contemplación. La pista de patinaje sólo está en pantalla por un instante antes de que la pieza termine, casi como un flash en el tipo de recuerdo de infancia que Lewis describe más tarde en sus pensamientos sobre el invierno canadiense. *Algonquin Park, Early March* sugiere que el recuerdo y lo sublime no pueden coexistir. La inscripción de la escena de infancia el paisaje vacío, cubierto de nieve, genera una cadena de recuerdos que insisten en la historia del paisaje y en que su humanidad alcanza mucho más allá de la fantasía de la imaginación romántica europea.

En estos filmes 'tripartitos', la estructura se diseña para revelar el espacio rellenado, en el primer caso, por evocación de la localización, lugares seleccionados, específicos, que mutan cuando la cámara transforma el lugar de nuevo en espacio cinematográfico y su duración en el tiempo. La reflexión se reemplaza por el placer del movimiento de la cámara, que es substituido a su vez por un detalle que exige reflexión. No obstante, la estructura también busca crear diferentes planos que organizan el espacio a través de estas secciones y prefigura la obra posterior de Lewis. *Queensway: Pan and Zoom* (*Queensway: panorámica horizontal y zoom*) (2005) es una obra de transición, con la estructura tripartita integrada en el título mismo. Rodada en una zona degradada de Toronto, Lewis una vez más usa un edificio concreto por sus connotaciones: un pequeño bloque de pisos que parece haber sido olvidado por el tiempo. Aunque no está abandonado, como en *North Circular*, el edificio aporta una cierta pátina del tiempo a la imagen, como un rastro flotante de tiempo similar a la acreción que contornea una fotografía vieja. Una vez más, el edificio transmite una sensación de misterio, desarrollada mediante la presencia de figuras dentro del drama inscrito por el movimiento de cámara. La primera fase de la toma, estática, muestra la figura de una mujer de pie casi inmóvil en la distancia, al lado del edificio, como si estuviera paralizada por una ansiedad interna mientras de manera compulsiva hurga en su bolso, posiblemente buscando un monedero perdido o una llave. Las lineas de los cables de telégrafo y la acera crean un elegante patrón que yuxtapone una estética compuesta con la cualidad 'perdida' de la poética

run-down part of Toronto, Lewis once again uses a particular building for its connotations: a little apartment block that appears to have been left behind by time. Although not derelict, as in *North Circular*, the building similarly brings a 'pastness' to the image, a kind of floating trace of time similar to the accretion that overlays an old photograph. Once again, the building conveys a sense of the uncanny, elaborated here by the presence of figures within the drama inscribed by the camera movement. The first, static, phase of the shot shows the figure of a woman standing quite still in the distance, at the edge of the building, as though paralysed by internal anxiety as she compulsively rummages in her handbag, possibly looking for a lost purse or key. The lines of telegraph wires and the pavement create an elegant pattern that juxtaposes a composed aesthetic with the 'lostness' of the place's poetics. The sudden pan completely re-configures the scene, revealing a second woman, sitting by the entrance, hunched in winter clothes, smoking. She too conveys a sense of being stuck, unable to move away from the building's grasp. The composition is also reconfigured: a curve in the road and the curve of the doorway give the image a strangely precise, almost inappropriate, symmetry at each side of the frame. The camera finally zooms to a window with a red T-shirt hanging among the curtains, introducing uncertainty and displacement to the building's uncanny. The T-shirt stands for an invisible figure, suggesting presence or absence, a further imprisonment, death or even escape. Ultimately, the displacement implies uncertainty and with it, the difficulty of representing 'the real', especially in the context of this scene in which poverty, loneliness and depression are so close to the surface.

Another persistent motif running across Lewis's work is also closely related to uncertainty. These films confuse, or subtly alter, perceptions of space through the manipulation of the camera lens or through the properties of a selected site. In *Centrale* (1999) a large mirror reflects the space of the street so that passing people, cyclists and vehicles disappear into their own image as though folded away into a parallel world. *Centrale* marks the beginning of the films of spatial uncertainties that continue with *Smithfield* (2000), which uses different planes of glass to refract the space. These images of reflection and refraction return in *Gladwell's Picture Window* (2005). In *Brass Rail* (2003) the space uncannily shifts in perspective due to the combined effect of a track and a zoom that flattens the space, subordinating it to the kind of transformation that can only be achieved cinematically. In the tripartite films, the separate planes of space succeed each other, remaining only in the spectator's memory. Here the separate planes are superimposed on each other, crushing space across its different layers.

Lewis's most recent piece, *Rear Projection* (2006), marks a significant departure in his work. As the earlier installations were designed around a continuous 'slice' of time and space, an appearance of spatial discontinuity could be achieved either through the contrast between the zoom's maximum and minimum frame (as established in *The Pitch*) or through

Smithfield (2000)
Super 35mm transferred to DVD

Brass Rail (2003)
Super 35mm transferred to DVD

del lugar. La panorámica repentina completamente reconfigura la escena, revelando una segunda mujer, sentada en la entrada, encorvada, vestida con ropa de invierno, fumando. Ella también transmite una sensación de estar inmovilizada, incapaz de alejarse del alcance del edificio. La composición es también reconfigurada: la curva de la carretera y la curva de la entrada dan a la imagen una simetría extrañamente precisa, casi inapropiada, a cada lado del encuadre. La cámara finalmente hace un zoom hacia una ventana con una camiseta roja colgando entre las cortinas, cosa que introduce incertidumbre y desplazamiento al misterio del edificio. La camiseta simboliza una figura invisible, que sugiere presencia o ausencia, un nuevo encarcelamiento, muerte o incluso fuga. En última instancia, el desplazamiento implica incertidumbre y con él, la dificultad de representar 'lo real', especialmente en el contexto de esta escena en la cual la pobreza, la soledad y la depresión se encuentran tan cercanas a la superficie.

Otro motivo recurrente que aparece en la obra de Lewis está también relacionado estrechamente con la incertidumbre. Estas películas confunden, o sutilmente alteran, las percepciones del espacio a través de la manipulación de la lente de la cámara o a través de las propiedades de un emplazamiento seleccionado. En *Centrale* (1999) un gran espejo refleja el espacio de la calle de tal manera que la gente, los ciclistas y los vehículos que pasan desaparecen en su propia imagen como si se desvanecieran hacia un mundo paralelo. *Centrale* marca el principio de los filmes de incertidumbres espaciales que continúan con *Smithfield* (2000), que usa varios planos de cristal para refractar el espacio. Estas imágenes de reflejo y refracción vuelven en *Gladwell's Picture Window* (*El ventanal de Gladwell*) (2005). En *Brass Rail* (*El tren de latón*) (2003) el espacio misteriosamente cambia de perspectiva a causa del efecto combinado de un travelling y un zoom que aplana el espacio, subordinándolo a un tipo de transformación que sólo se puede obtener cinematográficamente. En las películas tripartitas, los planos separados de espacio se suceden uno a otro, quedando sólo en la memoria del espectador. Aquí los planos separados se superimponen uno sobre el otro, fragmentando el espacio a través de sus diferentes capas.

La pieza más reciente de Lewis, *Rear Projection* (*Proyección de fondo*) (2006), marca una significante novedad en su obra. Mientras que las primeras instalaciones fueron diseñadas alrededor de un 'fragmento' continuo de tiempo y espacio, se podía conseguir una apariencia de discontinuidad espacial bien a través del contraste entre el cuadro máximo y mínimo del zoom (como en *The Pitch*), bien a través de la acumulación de espacios (que nos lleva a *Gladwell's Picture Window*). La estructura temporal, no obstante, era necesariamente continua. *Rear Projection*, por el contrario, se construye a partir de dos filmaciones, rodadas en diferentes momentos, con una figura (Molly Parker) sobrepuesta a un paisaje dentro del mismo encuadre. Para conseguir el efecto, Lewis ha usado la proyección de fondo, el mecanismo tradicional de Hollywood para insertar a una estrella, rodada en el estudio, en

the layering of spaces (leading to *Gladwell's Picture Window*). The temporal structure, however, was necessarily continuous. *Rear Projection*, on the contrary, is constructed out of two pieces of film, shot at different times, with a figure (Molly Parker) superimposed on a landscape within the same frame. To achieve the effect, Lewis has used back projection, the traditional Hollywood mechanism for inserting a star, shot in the studio, into a landscape or action sequence; the studio space is necessarily still, while the background moves. Lewis has pointed out that: 'the two elements march to different beats':

Back projection, certainly early back projection, brings together so inefficiently two completely different types of film experience that we can hardly not notice their montage effect: we experience the two visual regimes as separate and unwoven, literally as collage. Therefore, that which is designed to make the transition scenes relatively seamless ... in fact makes transition truly palpable. On the face of it, this is a paradoxical condition, achieved against the putative intentions of the scene itself.[7]

7 Mark Lewis, 'Foreword', *Afterall* 8 (2003).

Of course, this process, actually carried through anachronistically in *Rear Projection*, is now archaic due to the ease of digital manipulation. While digital effects would merge the two spaces seamlessly, Lewis points out that, in film, the gap is never effaced. He exploits the dislocation between the two spaces to reflect on an aesthetic device that comes from a very different point in the history of representation. In a certain kind of Renaissance portraiture, the figure, or figures, celebrated occupy the surface of the picture, as it were in close-up, 'superimposed' on a faraway landscape that stretches into the distance. *Rear Projection* is a tribute to both conventions of temporal and spatial dislocation: that of Hollywood back projection and that of Renaissance portraiture. As Molly Parker is one of the leading characters in the American television series *Deadwood*, her presence as 'star' leads back to the privileged nature of the subjects in Renaissance portraiture, extracted, as they are, from the ordinary either because of their own social status or because of the timelessness conferred on them by the painting itself.

Two recent pieces prefigure, in very different ways, the elements that have come together in *Rear Projection – Downtown: Tilt, Zoom and Pan* (2005) and *Northumberland* (2005). *Downtown* initiates the fracture of the temporal continuity that is so central to the pattern constructed around the four-minute reel. Furthermore, its effects are overtly achieved through a digital process. The highly stylized, artificial nature of the piece is established in the initial frame in which an elegant plant is juxtaposed to the detritus typical of a wasteland. The tilt crosses a polluted canal to show a car driving down a street with a cloud of smoke hanging in the air. The zoom then reveals a picture postcard image of downtown Toronto, bathed in the pink light of near dusk and including the CN tower, which contrasts ironically with the abject nature of the rest of the scene. The pan then moves across to a nearby road

otro espacio, paisaje o secuencia de acción; el espacio de estudio es necesariamente estático, mientras que el fondo se mueve. Lewis ha destacado: 'los dos elementos marchan con ritmos diferentes':

La proyección de fondo, desde luego la proyección de fondo primitiva, une tan ineficazmente dos tipos completamente diferentes de experiencia fílmica que difícilmente podemos ignorar su efecto de montaje: experimentamos dos regímenes visuales como separados y deslavazados, literalmente un collage. Por tanto, lo que se diseña para hacer que las escenas de transición no supongan ninguna ruptura... de hecho hacen que la transición sea verdaderamente palpable. Esta es una condición paradójica, que se da en contra de las intenciones putativas de la escena misma.[7]

7 Mark Lewis, 'Foreword', *Afterall* 8 (2003).

Por supuesto, este proceso, de hecho llevado a cabo anacrónicamente en *Rear Projection*, es ahora arcaico a causa de la facilidad de la manipulación digital. Mientras que los efectos digitales mezclarían los dos espacios fluidamente, Lewis indica que, en el cine, la distancia nunca se borra. Él explota la dislocación entre los dos espacios para reflexionar sobre un mecanismo estético que viene de un punto muy diferente de la historia de la representación. En un cierto tipo de retrato del Renacimiento, la figura, o figuras, celebradas ocupan la superficie del cuadro, como si fuera un primer plano, 'sobreimpuesto' a un paisaje remoto que se despliega en la distancia. *Rear Projection* es un tributo a ambas convenciones de dislocación temporal y espacial: la de la proyección de fondo de Hollywood y la del retrato renacentista. Como Molly Parker es una de las protagonistas de la serie de televisión americana *Deadwood*, su presencia como 'estrella' nos devuelve a la privilegiada naturaleza de los sujetos del retrato renacentista, separados, como se encuentran, de lo ordinario, ya sea por su status social o por la intemporalidad que les confiere el cuadro mismo.

Dos piezas recientes prefiguran, de maneras muy diferentes, los elementos que se unen en *Rear Projection – Downtown: Tilt, Zoom and Pan* (*Centro de la ciudad: panorámica vertical, zoom y panorámica horizontal*) (2005) y *Northumberland* (2005). *Downtown* inicia la fractura de la continuidad temporal que es tan importante para el patrón construido alrededor de la bobina de cuatro minutos. Además, sus efectos son conseguidos a través de procesos digitales. La naturaleza altamente estilizada, artificial de la pieza se establece en el fotograma inicial, en el cual una planta elegante se yuxtapone a los detritus típicos de una zona industrial abandonada. La panorámica vertical cruza un canal polucionado para mostrar un coche que baja por una calle con una nube de humo suspendida en el aire. El zoom entonces revela una imagen de postal del centro de Toronto, bañada en una luz rosa casi crepuscular, que incluye la torre CN. Esta última contrasta irónicamente con el carácter abyecto del resto de la escena. La panorámica horizontal entonces pasa a mostrar una calle cercana donde, con una luz diferente, hay un coche estacionado; un tren cruza en el fondo,

where, in a different light, a stationary car is parked; a train crosses in the background, closing the scene. Each of the film's moves creates a contrasting spatial configuration, reminiscent of the tripartite structure films, and the title also evokes *Queensway: Pan and Zoom* as a companion piece. *Downtown*, however, is constructed out of two separately shot pieces of film, seamlessly joined. The first section (tilt and zoom) was shot at dusk while the pan moves from that moment of shooting into the bluer, clearer morning light with which the film ends. Furthermore, the film is shown in reverse, so that the dust created by the car's spinning wheels seems to take on a life of its own, hovering, illogically, over the street scene and the train seems to be pushed backwards by its own engine. Although, from the opening frame, all the elements in this piece are highly contrived, the contrivance is, at first sight, difficult to identify exactly, leaving the spectator in a state of uncertainty. Similarly to *Queensway*, *Downtown* has an abject and uncanny feel to it. Unlike *Queensway*, *Downtown* has further temporal and technological discontinuities and uncertainties.

Unlike *Downtown: Tilt, Zoom and Pan*, *Northumberland* (2005) maintains the spatial and temporal continuities of Lewis's earlier work. The film consists of a four-minute track along the top of a drystone wall, characteristic of the Northern English countryside. The middle ground is occupied by a small fir wood, a kind of windbreak at the summit of a hill with many of the trees bent or broken by the strong winds. In the distance, appearing through the gaps in the trees and at a lower level, the landscape stretches out as far as the eye can see. This composition refers to the layering of space characteristic of Renaissance portraiture: the juxtaposition between the close-up of the wall and the distant landscape evokes that superimposition of spaces found both in the portraits and in back projection. As the camera tracks slowly along the stones that make up the top layer of the wall, their contrasting shapes and angles not only make a strange pattern collectively but also assert their own individuality. This, first or 'close-up' plane of the space posits the wall itself as an object to which the artist has given the privileged status of 'portrait' both in its material appearance and in its associations. The wall belongs to a tradition that precedes the uniformity of mechanization and the slow pace of the track allows time to reflect on the labour and the circumstances involved in its construction. The middle ground of the composition is occupied by the copse of fir trees, dark and angular, tossed in the wind, often just broken stumps. They seem to make a link to the fir trees in Lewis's two *Algonquin Park* pieces, creating a displacement from the English to the Canadian landscape. The bits of undergrowth, and the fir trees themselves, evoke the paintings of the Group of Seven, particularly Tom Thomson, the Canadian artist who lived on one of the lakes in Algonquin Park and who died there mysteriously, possibly in a canoe accident, in 1917.

The background shots to *Rear Projection* also feature a characteristic Canadian landscape. In the first shot, fir trees are mixed with maple turning red in the fall; in the second

cerrando la escena. Cada uno de los movimientos de la película crea una configuración espacial que contrasta con las anteriores y que recuerda las películas de estructura tripartita. El título también recuerda a *Queensway: Pan and Zoom* como una pieza complementaria. *Downtown*, sin embargo, se construye a partir de dos partes filmadas separadamente, unidas de manera imperceptible. La primera sección (la panorámica vertical y el zoom) se rodaron al atardecer mientras que la panorámica horizontal se aparta de ese momento de rodaje para pasar a la luz de la mañana, más azul, más clara, con la cual la película termina. Además, ésta se proyecta al revés, de tal manera que el polvo que crean las ruedas del coche dando vueltas parece tomar vida propia, quedándose suspendido, ilógicamente, sobre la escena de la calle y el tren parece que fuera impulsado hacia atrás por su propia locomotora. Aunque desde el fotograma inicial todos los elementos de esta pieza son altamente artificiales, lo que provoca esta artificialidad es, a primera vista, difícil de identificar exactamente, dejando al espectador en un estado de incertidumbre. De la misma manera que en *Queensway*, *Downtown* tiene un ambiente abyecto y misterioso. A diferencia de *Queensway*, *Downtown* contiene discontinuidades e incertidumbres tecnológicas adicionales.

Contrariamente a *Downtown: Tilt, Zoom and Pan*, *Northumberland* (2005) mantiene las continuidades espaciales y temporales de la obra anterior de Lewis. La película consiste en un travelling de cuatro minutos a lo largo de la parte de arriba de una pared de muro seco, característica del campo del norte de Inglaterra. La parte central queda ocupada por un pequeño bosque de abetos, una especie de cortaviento en la parte superior de una colina, con muchos de los árboles doblados o quebrados por los fuertes vientos. En la distancia, apareciendo por el espacio entre los árboles y a un nivel más bajo, el paisaje se extiende hasta donde alcanza el ojo. Esta composición se refiere a la superposición del espacio característico del retrato renacentista: la yuxtaposición entre el primer plano del muro y el paisaje distante evoca la superposición de espacios que encontramos tanto en los retratos como en la proyección de fondo. Con el lento travelling de la cámara a lo largo de las piedras que forman la capa superior del muro, las formas y ángulos contrapuestos de éstas no solamente crean un patrón extraño como conjunto, sino que también afirman su individualidad. Este primer plano del espacio propone al muro mismo como un objeto al cual el artista ha dado el status privilegiado de 'retrato' tanto por su apariencia material como por sus asociaciones. El muro pertenece a una tradición que precede a la uniformidad de la mecanización y el ritmo lento del travelling da tiempo para reflexionar sobre el trabajo y las circunstancias que rodearon su construcción. El centro de la composición está ocupado por un bosquecillo de abetos, oscuro y regular, zarandeado por el viento, a menudo sólo tocones rotos. Parecen conectarse con las dos piezas de Lewis sobre *Algonquin Park*, cosa que crea un desplazamiento desde el paisaje inglés al canadiense. La maleza que surge a sus pies, y los abetos mismos, evocan las pinturas del Grupo de Siete, particularmente Tom

shot, the scene is covered with snow. A ruined building, part of the abandoned Howlin' Wolf Café, is the central feature of the composition, once again inscribing the past into the present as in *North Circular*, and the scene is shot with the complex interaction between lens (zoom) and camera (track) used in *Brass Rail*. With the addition of the foreground plane 'Molly Parker', the piece has developed Lewis's motif of uncertainty to a new level of exploration, bringing into his own work his longstanding interest in the depiction of doubled time in certain paintings. He has written in these terms about both Edouard Manet's *A Bar at the Folies-Bergères* and Auguste Renoir's *Le Pont des Arts*, emphasizing the uncertainty inherent in these paintings. Reflecting on the *Folies-Bergères*, he says:

...the radical separation of the front of the bar from its 'reflection' suggests something about the difficulty of imagining the future with certainty and the necessity of such imaginings... The waitress at the Folies-Bergères looks out at us, separated momentarily from the scene of which she is part. From this pictorially and temporarily separate vantage point she is able to contemplate, evaluate and imagine. This complex condition invoked by Manet is in stark contrast to the 'coherence' of the modern political realm that, even today, manages to present a mindless folly about the future into some kind of vindication or final judgement.[8]

8 Mark Lewis, 'Afterword', *Afterall 7* (2003).

This passage underlines the way that aesthetics and politics are intertwined in Lewis's work. The inherent uncertainty of visual perception is only, in the first instance, to do with a deception of the eye. To stop in disorientation and think involves a commitment to uncertainty as a principle, as the opposite, that is, of the certainties of belief. If uncertainty is also an essential element in the aesthetics of modernity, Lewis's interpretation is also political. His installations create a criss-cross of references that demand decipherment and decoding, reaching back across the history of art, cinema and ideas, but also, in themselves inscribing the problems facing the tradition of the avant-garde and its own, uncertain, future.

Edouard Manet
A Bar at the Folies-Bergere (1881-82), oil on canvas
© Samuel Courtauld Trust,
Courtauld Institute of Art Gallery/
Bridgeman Art Library

Thomson, el artista canadiense que vivió en uno de los lagos en el parque Algonquin y que murió de manera misteriosa, posiblemente en un accidente de canoa, en 1917.

Las tomas de fondo de *Rear Projection* también muestran un característico paisaje canadiense. En la primera toma, los abetos se mezclan con arces que se enrojecen durante el otoño; en la segunda, la escena está cubierta de nieve. Un edificio en ruinas, parte del abandonado Howlin' Wolf Café, es el elemento central de la composición, que una vez más inscribe el pasado en el presente, como en *North Circular*. La escena es filmada utilizando la misma interacción compleja entre lente (zoom) y cámara (travelling) de *Brass Rail*. Al añadir el plano 'Molly Parker' en primer término, la pieza ha llevado el motivo de la incertidumbre típico de Lewis a un nuevo nivel de exploración, integrando en su propia obra el interés que el artista ha mantenido durante largo tiempo por la representación de un doble tiempo en ciertas pinturas. El artista canadiense ha escrito en estos mismos términos acerca de *Un bar aux Folies-Bergères* (*Un bar en el Folies-Bergères*) de Edouard Manet y *Les pont des Arts* (*El puente de las Artes*), enfatizando la incertidumbre inherente en estas pinturas. Reflexionando sobre *Un bar*, Lewis afirma:

...la separación radical de la parte de enfrente del bar de su 'reflejo' sugiere algo acerca de la dificultad de imaginar el futuro con certeza y la necesidad de tales imaginaciones... La camarera del Folies-Bergères nos mira a nosotros, separada momentáneamente de la escena de la que ella forma parte. Desde esta posición privilegiada separada tanto pictórica como temporalmente ella puede contemplar, evaluar e imaginar. Esta compleja condición a la que apela Manet se encuentra en crudo contraste con la 'coherencia' de la esfera de la política moderna que, incluso hoy en día, consigue presentar una locura estúpida sobre el futuro como una especie de vindicación o juicio final.[8]

8 Mark Lewis, 'Afterword', *Afterall 7* (2003).

Este fragmento subraya la manera en que la estética y la política se entrelazan en la obra de Lewis. La inherente incertidumbre de la percepción visual sólo tiene que ver, en primera instancia, con un engaño del ojo. El hecho de parar estando desorientados y pensar implica un compromiso con la incertidumbre como principio, como lo opuesto, esto es, de las seguridades de la creencia. Si la incertidumbre es también un elemento esencial en la estética de la modernidad, la interpretación de Lewis es a su vez política. Sus instalaciones crean un entrelazado de referencias que exigen ser descifradas y descodificadas, y no sólo se extienden por toda la historia del arte, el cine y las ideas, sino que también, en sí mismas, inscriben los problemas a los que se enfrenta la tradición de la vanguardia y su propio e incierto futuro.

Arnold Böcklin
Campagna Landscape (1857-58)
Oil on canvas, 88 x 105cm, bpk/Nationalgalerie, Staatliche Museen zu Berlin. Jörg P. Anders

Garry Winogrand
from 'Airport', **Untitled**. n.d.
© The Estate of Garry Winogrand, courtesy Fraenkel Gallery, San Francisco

Michelangelo Antonioni
Il deserto Rosso (1964)
still supplied by the British Film Institute

Walker Evans
Roadside View, Alabama Coal Area Company Town (1936)
© The Metropolitan Museum of Art. Digital image © 2006 Scala Florence

Stephen Shore
US. 1, Arundel, Maine, July, 17, 1974
Photograph © 2006 Stephen Shore

Alfred Hitchcock
Young and Innocent (1937)
still supplied by the British Film Institute

Diego Velazquez
Philip IV (1636)
Oil on canvas, 301 x 314cm, photograph: akg-images/Erich Lessing

Alfred Hitchcock
Sabotage (1936)
still supplied by the British Film Institute

Adolf Menzel
Rear Courtyard and House (1846)
Oil on canvas, 45.5 x 61.5cm, bpk/Nationalgalerie, Staatliche Museen zu Berlin. Jörg P. Anders

Lee Friedlander
Butte, Montana (1970)
© Lee Friedlander, courtesy Fraenkel Gallery, San Francisco. Digital image © 2006 Scala Florence

Michelangelo Antonioni
L'eclisse (1962)
still supplied by the British Film Institute

Edward Hopper
Solitary Figure in a Theatre (1902-04)
Whitney Museum of American Art

Alfred Hitchcock
The 39 Steps (1935)
still supplied by the British Film Institute

Alfred Hitchcock
The Man Who Knew Too Much (1956)
still supplied by the British Film Institute

Otto Preminger
Fallen Angel (1945)
still supplied by the British Film Institute

Nic Ray
In A Lonely Place (1950)
still supplied by the British Film Institute

Vincente Minnelli
An American in Paris (1951)
still supplied by the British Film Institute

Quentin Massys
Portrait of a Man (c. 1517)
National Gallery of Scotland, Edinburgh
Bridgeman Art Library

Giovanni Bellini
Portrait of a Young Man (c. 1505)
Royal Collection © 2006 Her Majesty Queen Elizabeth II

Raphael
Portrait of Maddalena Doni (1506)
Palazzo Piti, Florence/Bridgeman Art Library

Walker Evans
Subway Portrait (1938-41)
© The Metropolitan Museum of Art. Digital image © 2006 Scala Florence

Douglas Sirk
There's Always Tomorrow (1956)
still supplied by the British Film Institute

Michael Powell
Gone to Earth (1950)
still supplied by the British Film Institute

Adolf Menzel
Building Site with Willows (1846)
Oil on canvas, 41 x 55cm, bpk/Nationalgalerie, Staatliche Museen zu Berlin. Jörg P. Anders

Charles Sheeler
Manhattan, from the Empire Building (1920)
The Lane Collection – long term loan from The Lane Collection
to the Museum of Fine Arts, Boston

Alfred Hitchcock
North by Northwest (1959)
still supplied by the British Film Institute

Piero della Francesca
Portraits of Federigo da Montefeltro and Battista Sforza (c. 1472)
Galleria degli Uffizi, Florence/Bridgeman Art Library

Eugène Atget
Marchand Abat-Jour (Street Vendor), Rue Lepic (1899-1900)

Eugène Atget
Bread Transporter (1899-1900)

Alfred Hitchcock
Strangers on a Train (1951)
still supplied by the British Film Institute

Francisco José de Goya y Lucientes
Duchess of Alba (1797)
New York, The Hispanic Society of America

Otto Preminger
River of No Return (1951)
still supplied by the British Film Institute

Rear Projection (2006)

Producer ....Michael White

Ontario, Canada Production Crew and Services

Director of Photography .... John Lindsay
Camera Assistant .... Kevin Stewart
Motion Control .... Duncan Orthener
Assistant Motion Control .... Charles Bagnall
Key Grip .... Eli Lafont
Production Assistants.....................................Justin Papazian
....Brad Brackenridge
....Alan Poon
....Chris Mathews
....Steve Hart
....Ryan Blakely
....Jason Vieira
....Matt Johnston
Camera ....Panavision Canada (Stewart Aziz)
Film ....Fuji Canada (Stephanie Fagan)
Equipment....................................... William F. Whites Toronto
Motion Control.. Red D Mix Rentals
....(Ray McMillan)
Production Services ....Sparks Productions Toronto
Lab .... The Lab by Deluxe
Transfer Facility – Toronto....................... Eyes Post (Jim Hardy)

Los Angeles, California Production Crew and Services

Actress .... Molly Parker
Manager.. Murray Gibson
Unit production manager ....Elyse Katz
Director of Photography .... Dino Parks
1st Assistant Camera .... Paul Guglielmo
Motion Control Operator ....Helder Sun
Video Assist ....John Placencia
Rear Projection technicians ....Bill Hansard Senior
....Bill Hansard Junior
Gaffer.. Leonard Seagal
Best Boy Electric ....Floyd Olsen
Electrician .... Mark Sandag
Stylist .... Kristin Burke
Makeup & Hair .... Raqueli Dahan
Key Grip ....Jamie Lagerhausen
Best Boy ....Tony Cady
Rigger..Donovan Mclean
Stage Manager...Jim Thorpe
Production PA .... Steve Guest
Set Production Assistant................................... Clint Calouri
Camera..............................Claremont Cameras Hollywood
Lenses................................. Camera House, North Hollywood
Expendables ....Quxiote – Dav
Insurance .... Noel Vega Film Emporium
Grip and Electric.. Tomzilla
Caterer..Jennie Cook
....Yolanda
Craft Service/Breakfast .... Breakfast at Orly's
Art Department .... Special Effects Unlimited
Lab ....Deluxe Labs, Hollywood, CA
Transfer... Sunset Digital
Motion Control...Image G, Burbank, CA
....Andrew Harvey
Rear Projection ....Bill Hansard, Sr.
...................................Hansard Enterprises, Inc. Culver City, CA
Stock...Eastman Kodak
Stage ....Andrew Harvey
Trucking... PTS Los Angeles, CA

Post Production

Producer for VTR ....Rebecca Sweetman
Data Manager ....Danny Pagan
Smoke .... Ian Baker
Colour Timing .... Duncan Russell
....Kai Van Beers
Arri Laser.. Reuben Goodyear
Rear Projection print colour timing.................... Ray McMillan

Rear Projection was commissioned by the Foundation for Art and Creative Technology in partnership with the British Film Institute and Centro Andaluz de Arte Contemporáneo. Funded by Film London through the London Artists' Film and Video Awards and Arts Council England.

Special Thanks

Molly Parker
Andy Crosbie @ Sparks Productions
Tobias Schliessler
Stuart Aziz @ Panavision Canada
Stephanie Fagan@ Fuji Canada
Murray Gibson @ Characters Vancouver
Roger Larry
VTR, London
Rebecca Sweetman
Julia Stilts
Tareq
Karen Allen
Michael Connor
Michael White
Eddie Berg
BFI

Contributors

Philippe-Alain Michaud has been Historian of Art and Film Curator at the Centre-Pompidou since 2004. He is the author of *Le peuple des images* (Desclée de Brouwer, 2002) and *Aby Warburg and the Image in Motion* (Zone Books, 2004). In 2004, he curated an exhibition of drawings, *Comme le rêve le dessin* (Musée du Louvre/Centre Pompidou) and, in 2006, a new presentation of the collection of the Centre Pompidou, *Le mouvement des images*.

Laura Mulvey is Professor of Film and Media Studies at Birkbeck, and Director of the AHRB Centre of British Film and Television Studies. Her essays have been published in *Visual and Other Pleasures* (Macmillan, 1989) and *Fetishism and Curiosity* (British Film Institute, 1996). She is also the author of the BFI Film Classic *Citizen Kane*. She has co-directed six films with Peter Wollen as well as *Disgraced Monuments* with Mark Lewis (Channel Four, 1994). Her latest book is *Death 24 Times a Second: Stillness and the Moving Image* (Reaktion Books, 2005).

Michael Rush is Director of the Rose Art Museum at Brandeis University near Boston. From 2000–2004, he was Director and Chief Curator of the Palm Beach Institute of Contemporary Art. His books include *New Media in Late 20th Century Art* (1999), *New Media in Art* (2005), *Video Art* (2003), the first comprehensive survey of video since the mid-1980s, and the forthcoming *Art at the Crossroads: Digital Technology and 21st-Century Art*. His reviews and essays have appeared regularly in *The New York Times*, *Art in America*, *Newsweek* online, *artext*, *artnet* and *Bookforum*.

Mark Lewis would like to thank

Karen Allen
Arts Council England
Jean Michel Attal
Stewart Aziz
Becky Bazzard
Marie-Claude Beaud
Eddie Berg
Steven Bode
Olivier Castel
Galerie Cent8
Michael Connor
The Corporation of London
Andy Crosbie
Angie Daniell
Yilmaz Dziewior
Charles Esche
Fanny Gaudry
Pinky Ghundal
Murray Gibson
Elyse Katz
Janice Kerbel
Geof Keys
Judith King
Roger Larry
Serge LeBorgne
John Lindsay

Vivien Lovell
Ray Mason-Rogers
Philippe-Alain Michaud
Clement Minghetti
Modus Operandi Art Consultants
Monte Clark Gallery, Toronto and Vanvcouver
David Moos
Mudam, Luxembourg
Laura Mulvey
Molly Parker
Dino Parks
Brian Pearson
Monica Portillo
Queens Hall Arts
Michael Rush
Tobias Schliessler
Peter Sharpe
Sparks Productions, Toronto
Martin Testar
Louise Trodden
Tyndale Council
Chris Wainwright
Michael White

FACT, the British Film Institute and Centro Andaluz de Arte Contemporáneo would like to thank

Simon Bell
Lucy Byatt
Will Carr
Maggie Ellis
Pinky Ghundale
Ceri Hand
Andrew Kirk
Mark Lewis
Joanne McGonigal
Nick Lawrenson
Paul Luckraft
Philippe-Alain Michaud
Laura Mulvey
Molly Parker
Michael Regan
Marta Rupérez
Michael Rush
Sara Smith
Jose Lebrero Stals
Gary Thomas
Chris Wainwright
Alan Ward

FACT
FOUNDATION FOR ART AND
CREATIVE TECHNOLOGY

  British Film Institute

Centro Andaluz de Arte Contemporáneo
CONSEJERÍA DE CULTURA

FACT

FACT (Foundation for Art
& Creative Technology)
exists to inspire and
promote creativity through
film, video and new and
emerging media art forms

FACT
88 Wood Street
Liverpool L1 4DQ
Tel. +44 (0)151 707 4444
www.fact.co.uk

British Film Institute

The British Film Institute's
purpose is to champion
moving image culture
in all its richness and
diversity across the UK, for
the benefit of as wide an
audience as possible, and
to create and encourage
debate

British Film Institute
21 Stephen Street
London W1T 1LN
Tel. +44 (0)20 7255 1444
www.bfi.org.uk

Centro Andaluz de Arte
Contemporáneo

The Andalucian Centre of
Contemporary Art is a place
for cultural activity with an
interdisciplinary vocation,
promoting research into
and dissemination of
contemporary art and
culture

Avenida Americo
Vespucio 2
Isla de la Cartuja
41071 Sevilla
Spain
Tel. +34 95 037070
www.caac.es

FILM
LON
DON

  Supported by
The National Lottery®
through Arts Council England

 ARTS COUNCIL ENGLAND

Canadian High Commission
London

UNIVERSITY OF THE ARTS
LONDON **CENTRAL SAINT MARTINS**
COLLEGE OF ART AND DESIGN CAMBERWELL
COLLEGE OF ARTS CHELSEA COLLEGE OF ART AND
DESIGN LONDON COLLEGE OF COMMUNICATION
LONDON COLLEGE OF FASHION